Britisch Kurzhaar Katzenerziehung

Wie Sie Ihre britische Kurzhaarkatze Schritt für Schritt erziehen und verstehen – inkl. der besten Tipps für die Haltung Ihrer Katze

Britta Fährmann

INHALT

Das erwartet Sie in diesem Buch

Sie interessieren sich für einen felinen Beglei-
ter? Haben Sie Vorstellungen davon, wie die
Katze sein soll? Sind Sie erfahren, was den
Umgang mit den Britisch Kurzhaarkatzen angeht?
Oder wollen Sie einfach etwas über die beliebteste
Katzenrasse Deutschlands lernen, um sich eventuell
selbst solch ein Tier zu holen? Möchten Sie adoptie-
ren oder kaufen? Muss es immer ein Kitten sein oder
ist eine erwachsene Katze vielleicht sogar passen-
der? Suchen Sie vielleicht nur neue Informationen?

Dann ist Ihnen mit diesem Buch sehr geholfen. Ich stelle Ihnen hier die Katze, allen voran die Britisch Kurzhaarkatze, vor und gebe Ihnen ein umfassendes Rasseportrait, um Ihnen die Entscheidung leichter zu machen, ob eine Katze zu Ihnen passt. Ohne Umschweife wird erklärt, wie die Haltung der hübschen Katze am besten gelingen kann. Außerdem gibt es in diesem Buch Tipps und Tricks für Anfänger, Sie lernen alles, was Sie wissen müssen, um sich von vornherein bestmöglich auf Ihren neuen Weggefährten einzustellen. Zudem liefert dieses Buch auch passende Lösungen für einige mögliche Probleme, die eine Katze mit sich bringen kann.

Das Tier, die Katze

WAS IST EINE KATZE?

Die Katze selbst gehört zu den Raubtieren und wird als Katzenartige klassifiziert. Somit ist sie das Gegenteil der Hundeartigen. Katzenartige gibt es schätzungsweise seit bereits 30 Millionen Jahren. Sie entwickelten sich in unterschiedliche Richtungen, weshalb es heute eine breite Artenvielfalt auf unserer Erde gibt.

Zu den bekanntesten Katzenarten zählen die Raub- und die Hauskatzen. Was die meisten aber nicht wissen ist, dass sogar Hyänen und Mangusten Katzenartige sind. Außerdem gibt es noch die Pardelroller, die Linsangs, die Schleichkatzen und die madagassischen Raubtiere. Auch werden Katzen in

Groß- und Kleinkatzen unterteilt. Bereits ausgestorbene Katzenartige und Katzen sind in dieser Auflistung nicht inbegriffen.

Katzenartige leben auf der gesamten Welt. In natürlichen Lebensräumen kommen sie jedoch nur in Europa, Amerika, Afrika und Asien vor. Den Ursprung der ersten Katze vermutet man in Europa, wohingegen in Amerika die wenigsten Diversitäten von dieser Art zu finden sind.

Katzen – Groß- sowie Kleinkatzen – hingegen leben auf der gesamten Welt.

WOHER KOMMT DIE KATZE?

Unsere Hauskatzen stammen von der Falbkatze ab, die in freier Wildbahn in Afrika vorkommt. Diese Katzenart sieht beinahe genauso aus wie unsere kurzhaarigen Haustiere, ähnlich also auch der Britisch Kurzhaarkatze. Sie sind unseren Hauskatzen dermaßen ähnlich, dass es heutzutage kaum noch reinrassige Falbkatzen gibt. Diese verpaarten sich im Laufe der vielen Jahre mit Hauskatzen, ob Streunern oder herumstreunenden Katzen, sodass sie sich kaum noch von den beliebten Haustieren unterscheiden.

Im allgemeinen Volksmund wird behauptet, dass die Falbkatze domestiziert wurde. Heute geht man jedoch davon aus, dass sich die Katze schon von Beginn der Menschheit an diese herangewagt hat. Die Falbkatze ist eine zahme, wild lebende Katze, weshalb man sie zum Helfer geformt hat. Zudem nutzten die Tiere auch die Menschen, um sich ihre Nahrungssuche zu vereinfachen.

Menschen und deren Hinterlassenschaften, wie zum Beispiel Nahrungsreste, lockten immer schon Nager und andere Kleintiere an. Diese hielt die Katze von den Menschen und der Ernte fern und bekam so genug zu fressen, um sich unbeschwert fortzupflanzen und weiterzuentwickeln.

BESONDERHEITEN EINER KATZE

Eine Katze erkennt man in den meisten Fällen daran, dass sie neben ihren vier Beinen und dem langen, windigen Schwanz einen runden Schädel haben – im Gegensatz zu den Hunden und Hundeartigen, die ein längliches Gesicht haben. Außerdem können diese Tiere ihre Krallen ein und ausfahren. Im Normalfall ist eine Katze etwa 50 Zentimeter lang und wiegt um die 4 Kilogramm. Dies ist Rasse-abhängig, es gibt kürzere und längere, zudem auch schwerere Katzen. Ein Gewicht von unter vier Kilo ist hingegen sehr selten bei einem ausgewachsenen Tier. Meist sind Kater größer und schwerer als Katzen derselben Rasse.

Ihre Fellfarbe gibt es durch Züchtungen in etlichen Farben und Varianten. Von einfarbig über zweifarbig bis hin zu bunt und mit verschiedenen Zeichnungen, wie zum Beispiel die Variante Tabby, die durch die Whiskas-Werbung allgemein bekannt ist. Ihre Lebenserwartung beträgt ungefähr 15 Jahre, hier wird jedoch von Hauskatzen mit menschlicher Betreuung gesprochen. Wild lebende Hauskatzen durch Verwaisen oder Ähnliches werden hingegen oftmals nicht älter als 4.

Katzen sind vor allem auf ihren Seh- und Gehörsinn spezialisiert, was ihnen bei der Jagd ungemein hilft. Sie können eine Entfernung zur Beute, zu einer Landung oder anderen Dingen genauestens wahrnehmen. Zudem sind ihre Augen ebenfalls auf die Dunkelheit spezialisiert; solange nur etwas Licht vorhanden ist, können sie auch im Dunkeln sehen – gesunde Augen vorausgesetzt. Interessant an den Augen der Katze ist auch, dass alle Katzenbabys blaue Augen haben. Die eigentliche Augenfarbe entwickelt sich zumeist mit der achten Woche, es kann jedoch auch bis zu 12 Wochen dauern, bis die Augen ihre tatsächliche Farbe angenommen haben.

Der Geruchssinn ist hingegen nicht so stark entwickelt, im Vergleich zu einem Hund sogar wesentlich schlechter, jedoch viel besser als bei uns Menschen. Alle Katzen – auch die Weibchen, was viele nicht wissen – markieren das Territorium und lassen darüber anderen Katzen Informationen über sich zukommen. Markiert wird neben dem Urin auch durch das Koten und Nicht-Verscharren der Hinterlassenschaften sowie das Reiben an Gegenständen.

Ein weiteres wichtiges Sinnesorgan ist der Tastsinn. Wenn man eine Katze ansieht, fallen neben dem meist starren Blick und den spitzen Ohren sofort die Schnurrhaare, auch Vibrissen genannt, auf. Diese dienen zum Tasten und Einschätzen, ob sie gegen etwas laufen. Somit kann sich die Katze auch in kompletter Dunkelheit unproblematisch fortbewegen, auch eine Erblindung ist durch die Vibrissen für Katzen kein Problem.

Gegen den anhaltenden Mythos, dass Katzen Einzelgänger sind, ist dieses Tier jedoch ein sehr soziales. In Einzelhaltung sollten sie nicht, auch wenn es selbstverständlich Ausnahmen gibt. Sofern Katzen nach draußen dürfen oder gar dort leben, entstehen kleine Gruppen unter ihnen, einzig das Jagen bezwingt eine Katze allein.

Katzen kommunizieren untereinander beinahe ausschließlich durch Körpersprache. Hierzu benutzen sie ihren Schwanz, der je nach Stellung etwas anderes bedeutet, auch die Haltung der Ohren signalisiert ihr Befinden. Mit den Augen können Katzen ebenfalls kommunizieren. So sind halb geschlossene Augen das Pendant zu unserem Lächeln. Allerdings unterhalten sich Katzen auch mit ihrem Miauen, Fauchen oder Knurren. Das Schnurren ist ebenfalls eine Eigenschaft der Katze. Dies deutet jedoch nicht immer Wohlbefinden an. Katzen schnurren auch, wenn sie krank sind, um die Heilung zu unterstützen.

Ein weiterer Mythos, der sich seit Jahrzehnten hält, beschreibt den Schlafrhythmus der Katze. Die Hauskatze ist nämlich nicht nachtaktiv, sondern schlendert mit Vorliebe in den Dämmerungszeiten, also morgens und abends, durch die Gegend. In der Zeit dazwischen schlafen oder dösen sie meistens, da eine Katze sehr viel Schlaf braucht. Zwei Drittel

ANTHOLOGIE

darum

HRSG. MAGRET KINDERMANN

Inhaltswarnungen auf Seite 75

© Magret Kindermann, Eisenach 2022

Covergestaltung: Magret Kindermann
Illustrationen: Magret Kindermann, Unsplash
Buchsatz: Catherine Strefford
Lektorat: Magret Kindermann
Herstellung und Verlag: BoD – Books on Demand, Norderstedt

ISBN: 9783755796787

Inhalt

Vorwort

Es gibt Menschen, die symbolisieren das Ausleben eines einzigen Wortes. Ein Beispiel ist meine Freundin, die Künstlerin ist. Sie verdient ihr Geld mit ganz anderem, aber sie macht ständig und überall Kunst. Und wie sie auf einem Stuhl sitzt, ist Kunst, wie sie Freundschaften pflegt, ist Kunst, wie sie einen Spaziergang macht, ist Kunst. Ein Freund von mir aus Berliner Zeiten steht für mein Verständnis von Abenteuer. Damit meine ich nichts, was Jules Verne in Verzückung bringen könnte, aber seine Ideen machen den Alltag schillernd. Vor allem sorgt seine Anwesenheit allein schon dafür, dass ich Dinge unkonventioneller angehen möchte. Dann gibt es noch eine alte Freundin, mit der ich in meinen Studienzeiten viel unterwegs war, und die für Sex steht. Betrat sie einen Raum, verwandelte sie ihn in eine sinnliche Atmosphäre. Gingen wir tanzen, wurde sie innerhalb von Minuten von anderen Menschen umringt, die sich ihr nicht entziehen konnten. Wir waren oft zu viert unterwegs und nicht selten standen wir zu dritt am Rand und schauten zu, wie niemand die Blicke von ihr abwenden konnte. Ihre Schönheit war nichts, was ein Instagram-Profil hätte einfangen können, zu viel davon kam von ihren Bewegungen, den ungekünstelten Augenaufschlägen, der puren Präsenz. Sie interessierte sich zwar für Männer, aber lange Zeit konnte ich nicht beobachten, wie sie jemanden genauso viel Aufmerksamkeit zurückgeschenkt hätte. Bis zu ihrem Besuch bei mir in England.

Mein Aufenthalt in Devon als Au-pair gehört zu meinen glücklichsten Zeiten in meinen Zwanzigern. Zwei Sommer lang war ich dort für mehrere Wochen, meine Gastfamilie wohnte mitten in der rauen, einsamen Landschaft nahe dem Meer, durchzogen von niedrigen Mäuerchen. Für einige Zeit hütete ich alleine das Haus – und den Hund –, weil die Familie Urlaub machte. In dieser Zeit besuchten mich meine drei Freundinnen, darunter auch die besagte. Wir rasten mit einem kleinen Auto durch den schmalen Linksverkehr, wir besuchten urige Pubs und tranken Tee und abends schmissen wir eine kleine Party. In dieser Zeit hatte ich eine kurze, aber romantische Liaison mit einem Engländer und er brachte zwei Freunde mit. Neben meiner Freundin namens Sex – nennen wir sie der Einfachheit nach so –, brachte ich also auch noch eine Menge Kribbeln an diesem Abend mit. Wir saßen in dem alten Steinhaus um einen eckigen Holztisch mit vielen Kerben, hatten den klarsten Sternenhimmel über uns, den ich je in meinem Leben gesehen hatte, und tranken britisches Pfützenbier. Meine Freundin Sex fand einen Kumpel meines Freundes toll und zum ersten Mal sah ich, wie sie flirtete. Dazu müsst ihr wissen, dass sie Ärztin ist und damals noch Medizin studierte. Wir hatten durchaus über ihr Studium gesprochen, ihr folgender Satz kam also nicht völlig aus dem Kontext. Sie beugte sich über den Tisch, legte einen Finger auf seinen Unterarm, schaute ihm in die Augen und sagte mit warmer Stimme: »I like your veins.« Auf Deutsch: »Ich mag deine Venen.« Ich konnte seine Gänsehaut selbst spüren, so stark sah man sie ihm an.

Nun habe ich tatsächlich vergessen, ob zwischen den beiden noch was lief. Ich weiß es wirklich nicht und es ist auch nicht wichtig. Denn sind es nicht solche kleinen Momente, die am Ende gar nichts mit einem Rein-raus oder gar einem feuchten Kuss zu tun haben müssen, die wir vor allem in Erinnerung behalten, wenn wir an Sex denken? Was Erotik betrifft, fand ich es immer blöd, dass zu wenig darauf konzentriert wird, auf das Davor und Danach. Das Währenddessen ist auch schön, das will ich gar nicht abstreiten. Aber über den Augenblick, kurz bevor man sich anspringt, will ich mehr lesen. Und auch mehr von den Minuten, wenn alles schon passiert ist und das Gehirn damit beschäftigt ist, alles nachzuerleben, was der Körper zuvor im Alleingang übernommen hat. Umso dankbarer bin ich, dass sich genau das acht Autor*innen zur Aufgabe gemacht haben: Sex als Gefühl einzufangen.

Magret Kindermann
Eisenach, Januar 2022

EVA-MARIA OBERMANN

Der Schattenpfeil

Das abgedunkelte Schlafzimmerlicht wirft trübe Schatten
auf deinen Rücken. Zwischen den hervortretenden
Schulterblättern, die so spitz scheinen, weil du auf dem
Bauch liegst, die Arme seltsam über und unter dir ange-
winkelt, verläuft er scharf, der Schneide eines Dolches
gleich, deine Wirbelsäule entlang. Ich drehe mich auf
die Seite, um dich zu beobachten. Die Decke haben wir
nachts neben das Bett geworfen, haben ineinander ver-
knotet geschlafen und ich bin doch aufgewacht, ohne
dich zu berühren.

Ein Pfeil, der deinen Rücken hinunter zeigt, weg von
deinem Kopf, der lediglich Haar vorweist. Nur Haare, so
sehr ich auch versuche, dein Gesicht, wenigstens ein Ohr
zu erkennen. Das Ohr, an dem ich am Abend saugte, in
das ich zuerst zaghaft und dann doch hungrig nach Leidenschaft biss. Es schien mir so vertraut, doch nun kann
ich mich an seine Form nicht mehr erinnern, obgleich
ich es noch an meinen Lippen spüre, die weichen Härchen, die kantigen Knöchelchen. Doch jetzt gibt es nur
noch Haare an deinem Kopf, in dieser unbeschreiblichen
Mischung aus fahlem Blond, nichtssagendem Braun und
angedeutetem Schwarz. Ich verstehe diese Farbe nicht,
verstehe ihre Existenz nicht, verstehe nicht, dass deine

Haare diese Farbe haben, obgleich ich mich an alle erinnere. Das Blond, das mir am Abend im Lampenschein Golden erschien. Das Braun, das mich so wärmte, als ich daran roch und zaghaft deine Strähnen zurechtrückte. Das tiefe Schwarz, in das ich mich krallte, als du dich in mich verfingst, als wir uns ineinander verkeilten. Unecht ist es jetzt, wo so wenig Licht darin spielen kann. Abstoßend unecht und undefinierbar.

Doch der Schattenpfeil zeigt weg von deinem Kopf, als wüsste er ob der Verwirrung, die dein Haar und seine Farbe – oder Nichtfarbe – stiften. Hinab zeigt er, deine Wirbelsäule entlang, die sich fast zu sehr abzeichnet, deren einzelnen Wirbel und Bandscheiben ich ohne Mühe folgen kann. Ich sehe sie, als berührte ich jeden Millimeter, jede leichte Erhöhung und Vertiefung, einzeln. Ich hebe meine Hand, halte sie dicht über deine Haut. Meine Finger tanzen in der Luft über dem Schattenpfeil und ich kämpfe gegen den Drang an, dich zu berühren und zu wecken.

Ich schnappe verstört nach Luft, sauge zu viel auf einmal ein, schmecke dich, mich, uns, dieses ganze verfluchte Zimmer. Der Schweiß, das Parfüm, der leicht rauchige zurückgebliebene Kneipenduft, Alkohol, Vertrautheit. So viel Vertrautheit, dass mir übel wird. Diese ungewohnte Mischung überfordert mich. Das Brennen, verlagert sich aus meinem Kopf an meinen Mageneingang. Beißender Oesophagus, doch mehr geschieht nicht, kein Würgen, kein Aufstoßen, nur das Ätzen in mir, als könnte ich es leise brodeln hören. Mit flachen Atemzügen versuche ich, den Geruch nicht aufzunehmen, mich gleichzeitig davon zu befreien, zu sensibilisieren. Er ist längst in mich geflossen, bewohnt meine Erinnerung. Er trägt deine Stimme mit sich, die sich in meine Gedanken einnistet, voller Versprechungen und geflüsterter Koseworte.

Spitz deutet der Schatten auf deinen Po, der mich fesselte, gestern, und heute weiter fesselt. Der meine Spuren trägt, die Reste verrauchter Leidenschaft. Doch ich muss erschaudern, verzückt und verwirrt zugleich; so wohlgeformt, einer Zeichnung gleich, finde ich ihn. Heute sehe ich die kleinen Falten, die Andeutung deiner Rundungen, die ich gestern übersah, oder die gestern in Form lagen, nicht derart verquer wie jetzt, da du auf deinem Bett auf dem Bauch liegst und, zu meiner endlosen Verwunderung, auf ein Kissen atmest. Wie kannst du das? Nie konnte ich auf dem Bauch schlafen, meine Luft mir entgegenschlagend vom Kissen, das sich erhitzt, überhitzt, feucht wird, mir die Luft raubt, bis ich dem Erstickungstod nahe aufschrecken muss. Doch furchtlos liegst du auf deinem Bauch, die Arme unwirklich von dir gestreckt, atmest deine ins Kissen geatmete Luft wieder, immer und immer wieder ein.

Weich wirst du durch deine Rundungen, an denen ich mich festhalten konnte. Fast erleichtert mich, dass deine Schulterblätter noch immer rasiermesserscharf hervorstechen, der spitze Schatten deine Wirbelsäule derart in Knochen aufblättert. Und dein Hintern, der mich wieder ins Stottern bringt, formvollendet.

Widersprüchlich auch deine Beine, die knochig sind, an denen sich feine Muskeln abzeichnen, von dünner Haut überzogen. Sanft erinnere ich mich an sie, unerwartet zart, sodass ich nicht genug davon bekam, sie zu berühren, sie zu streicheln, ihr nahe zu sein. Unablässig verfielen wir darin, uns zu ertasten, zaghaft zu berühren, statt die Leidenschaft in kurzen Momenten auszukosten. Unsere Lippen atmeten einander. Ein ganzes Leben in einer Nacht.

Lange bleibe ich liegen, länger als ich wollte. Wegen der Haut? Deiner Wärme an diesem verregneten Morgen? Dem Restalkohol, der meine Glieder träge macht? Weil ich die verfälschte Erinnerung nicht angreifen wollte? Ich schlucke schwer den letzten Rest unseres Aromas hinunter, halte die Luft an. Meine Hand, die noch immer über deiner Haut tanzt, zieht sich zurück. Ich weiß, was mich hier hielt, was mich dazu bringt, dich zu betrachten, deine Fehler zu suchen, die Erinnerung mit Gründen aufzufüllen und vergebens die Kraft zu suchen.

Ich wusste es gestern und ließ mich vom Alkohol verführen, alles Illusion zu nennen und mit dir zu gehen. Ich wusste es gestern, als unsere verschmolzenen Seelen einen unbestiegenen Gipfel erreichten und jetzt, in diesem Moment weiß ich es auch. Ich liebe dich.

Und darum, darum muss ich letztlich doch aufstehen, mich stumm anziehen, lautlos dich betrachten, bis nur noch du mich hier hältst, insgeheim hoffen, dass du erwachst. Doch du schläfst weiter, deinen verbrauchten Atem wieder aus dem Kissen saugend, spürst nichts, hörst nichts, sagst nichts. Also tue ich das Einzige, was ich tun kann, weil ich dich liebe.

Ich schließe die Augen, denn nur so kann ich, drehe mich um, denn nur so kann ich, setze Schritt vor Schritt, denn nur so kann ich, bleibe lautlos, denn nur so kann

14

ich, öffne Türen, denn nur so kann ich, taste mich vor-
wärts, denn nur so kann ich, bis ich den kalten Sonnen-
schein auf meiner Haut spüre, befreit aus deinem Bann,
denn nur so kann ich gehen.

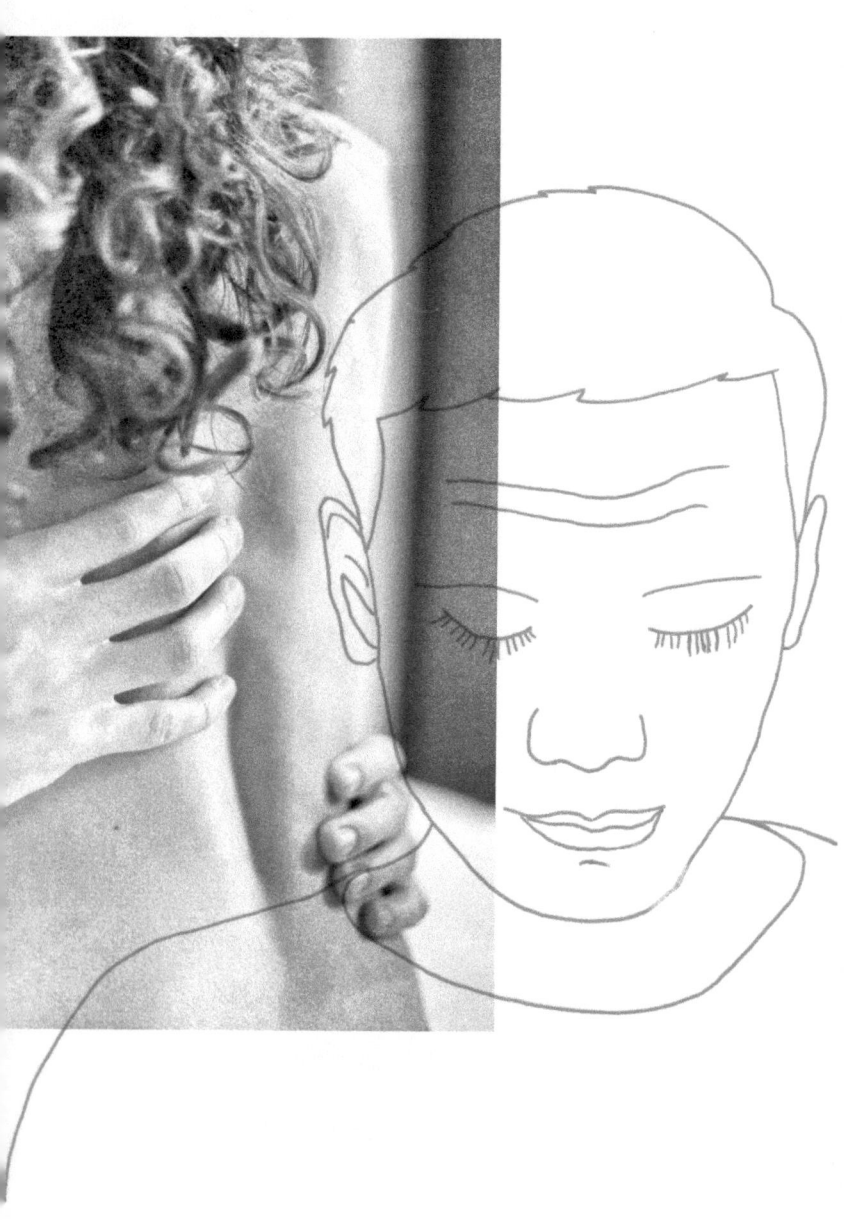

YVONNE TUNNAT

Buchstaben auf die Haut

Sie riecht nach Vanille. Leider nicht wie das Eis. Eher wie ein paar Kisten roher Zwiebeln, die gemeinsam mit Vanilleschoten älteren Datums eine Mittelmeerkreuzfahrt gemacht haben. Ich kann mir nicht erklären, wer Parfum mit diesem Duft erfunden hat und warum das tatsächlich jemand aufträgt.

Es war vereinbart, dass wir uns sofort anfassen dürfen, also lege ich ihr die Hand auf die Wange. Weiches, faltiges Papier. Sie ist nicht vierzig. Nicht fünfzig. Mindestens Mitte sechzig, vielleicht sogar älter.

Ich bin blind, nicht tot. Denkt sie, ich würde das nicht merken?

Trotzdem lächle ich, vorsichtshalber. Dann schüttle ich sanft den Kopf, was vorerst als Antwort reichen muss, und ziehe an Leos Leine und wir drehen uns wieder zur Straße, mein Stab voraus, sie hält mich am Arm fest. Nein. Keine weitere Zeit. Unsere schriftlichen Gespräche habe ich genossen. Vielleicht wäre es dann sogar okay gewesen, ich muss nicht zwingend eine gleichaltrige Frau daten. Aber Lügen genieße ich grundsätzlich nicht. Abgesehen von der Zwiebelvanille.

Ich werde die Behinderung aus dem Profil löschen. Das ist nun schon die Dritte. Die anderen beiden haben sich geoutet, kurz bevor es zum persönlichen Treffen kam. Denen war wenigstens klar, dass auch jemand wie ich starke Abweichungen in Alter oder Körperbeschreibung bald mitkriegen würde.

Statt sofort nach Hause zu gehen, setze ich mich auf meine Lieblingsbank an der Kreuzung Frankfurter Tor. Es riecht nach Abgasen, feuchtem Laub und Zuckerwatte. Wer wohl die Zuckerwatte hat und vor allem woher? Der Herbstwind schmeißt mir Laub gegen die Schienbeine. Unter meinen Füßen liegt etwas kleines Rundliches, ich spiele mit dem Fuß damit, lasse es mal hierhin, mal dorthin rollen.

Ich bücke mich und hebe es auf. Etwa drei Zentimeter groß, tatsächlich recht rundlich, aber keine perfekte Kugel. Die Oberfläche ist glatt, nur eine Stelle an einer der beiden breiteren Seiten ist rauer. Das muss der Nabelfleck sein. Ich lächle. Eine Kastanie. Na klar.

Ich wärme sie in der Hand auf und lege sie auf die Bank, bevor ich gehe.

Als ich daheim die Tür öffne, ist Jenna da. Ich spüre das Knarzen des Bodens unter meinen Füßen, als sie über den Flur läuft, außerdem zieht Leo an seiner Leine, vermutlich möchte er sie begrüßen. Außerdem riecht es nach Tomatensoße. Sekunden später nimmt Jenna meine Hand.

Wieder Spaghetti mit Tomatensoße?, fragen meine Finger sie.

Meine Hände liegen auf ihren, während sie gebärdet: Nein, gibt es nicht!

Was denn?, frage ich zurück, es riecht doch danach!

Penne mit Tomatensoße, antworten ihre Hände, ich muss lachen.

Abwechslung, gebe ich zu.

Als meine TBA, meine Taubblindenassistentin, gehört Kochen nicht zu ihren Hauptaufgaben. Meistens essen wir trotzdem gemeinsam, das ist inzwischen ein Ritual bei uns.

Ich befreie Leo von der Leine, gehe ins Arbeitszimmer. Der Rechner ist noch eingeschaltet. Eva hat nicht geschrieben. Sie weiß wohl, warum ich gegangen bin. Ein wenig Leid tut es mir doch.

Umständlich bearbeite ich mein Profil, hole dann Jenna, lasse sie probelesen.

Alles OK, meint Jenna. Bist du sicher?

Ich nicke.

Früher oder später musst du ihnen sagen, dass du taubblind bist. Vor dem Date.

Ich nicke wieder.

Ja, früher oder später. Wenn sie mir die Wahrheit darüber gesagt haben, wer und was sie sind. Dann sage auch ich alles, auch wenn das für mich sicher bedeutet, dass ich einige Abfuhren einsammele.

Florence und ich schreiben seit zwei Wochen. Sie ist zweiundvierzig und sieht laut Jenna richtig gut aus. Das ist eigentlich schade. Je schärfer sie aussieht, desto weniger Chancen habe ich.

Jenna meint, ich sähe schärfer aus als Florence. Markantes Kinn und tiefgrüne Augen.

Florence ist auf eine witzige Art ungebildet. Sie

verwechselt Dick mit Dickens und fragt mich ständig nach meinen Lieblingsfilmen. Der letzte Film, den ich gesehen habe, war dieser in 3D mit den blauen großen Menschen. Wobei, Menschen waren das ja wohl eher nicht. Mein erster und letzter Film in 3D. Damals hatte ich bereits achtzig Prozent meiner Sehkraft verloren und schon im Kino wusste ich, dass es das letzte Mal sein würde.

Danach habe ich noch einige Filme in der Hörversion genossen, bis mit den letzten Schüben meiner Krankheit auch mein Gehör zu sehr nachließ. Nun höre ich überhaupt nur noch wirklich laute Geräusche, Feuerknaller direkt neben mir, ein Fahrzeug mit Martinshorn, das an mir vorbeifährt. Sehen ist noch schlechter. Ich weiß kaum, ob es Tag oder Nacht ist.

Florence bringt mich zum Lachen, wenn auch meistens auf ihre Kosten.

Sie ist blond, sagt sie. Schade, dass ich das nicht sehen kann. Sie singt im Chor. Schade, dass ich das nicht hören kann. Als ich es noch hätte genießen können, hatte ich nie eine Frau, die singen konnte.

Schließlich eröffne ich ihr, dass ich taubblind sei. Ihre Antwort braucht länger. Sie gibt zu, einiges war ihr an meinem Profil schon aufgefallen. Die Bilder vom Berlin-Marathon, warum ich da Hand in Hand mit diesem Kerl gelaufen sei. Nimm zwei, nimm zwei, mein bester Freund und ich?

Ich finde eher interessant, dass sie Jenna für einen Kerl hält, sie hat ja nicht einmal kurze Haare. Aber was weiß ich schon? Ich habe ja Jenna nie gesehen. Womöglich sieht sie aus wie ein langhaariger Mann, jedenfalls wenn sie völlig verschwitzt Marathons läuft.

Dann die dicken Bücher im Hintergrund. Unter 2.000 Seiten mach ich's nicht?

Natürlich kann ich am Rechner lesen, aber manchmal lese ich eben gern richtige Bücher. In Blindenschrift bin ich schon fließend gewesen, als ich noch ein wenig erkennen konnte und meine Sammlung Braillebücher kann sich sehen lassen.

Sie ist nicht abgeschreckt. Eigentlich glaube ich, sie ist neugierig. Kinder hat sie, die sind schon fast ausgezogen. Sie ist frei zu daten und zu lieben, wen sie mag. Und sie willigt in ein Date mit mir ein.

Ich lade sie direkt in meine Wohnung ein. Mit angelehnter Wohnungstür, sodass sie einfach eintreten kann.

Ich bin in der Küche mit dem Kaffee beschäftigt, als ich das Knarren der Dielen spüre. Das muss sie sein. Sie macht sich nicht bemerkbar, steht wahrscheinlich da und schaut mir zu. Auch ich nehme sie wahr. Frisch gewaschene Haare, etwas Fruchtiges, vermutlich Pfirsich, mit einem Hauch Aloe vera. Ihr Atem mit ein wenig Knoblauch gewürzt, der Nagellackentferner penetranter. Frisch entfernt und neu aufgetragen? Ich drehe mich zu ihr um und lächle. Milch, Zucker stehen bereit, der Kaffee dampft mittlerweile so energisch, dass ich von der Küche kaum andere Gerüche wahrnehme.

Ich nähere mich ihr langsam und strecke meine Hand aus. Sie nimmt sie, interessanterweise nicht zum Schütteln, sondern als wolle sie neben mir hergehen.

Gut, dann kann ich sie ja direkt ins Wohnzimmer bringen. Behutsam ziehe ich sie hinter mir her und geleite sie zum Sofa. Auf dem Tisch wird sie nun die Gedecke sehen und die Plätzchen. Sie sind frisch gebacken, zwar nicht von mir, aber das kann sie nicht wissen.

Ich zeige aufs Sofa, lasse ihre Hand los, gehe in die Küche, besorge den Kaffee, stelle alles auf den Tisch, setze mich neben sie.

Normalerweise würde es jetzt losgehen: Smalltalk. Schöne Wohnung, oh, das riecht aber alles gut. Sie beugt sich vor – das Sofa bewegt sich unter mir – nimmt sich vermutlich Kaffee oder Gebäck. Ah, Kaffee ist dabei, der Geruch steigt mir wieder intensiv in die Nase.

Sie dreht sich zu mir, eine gelungene Mischung aus Kaffee und Knoblauch kommt mir entgegen, dann berührt sie mein Gesicht, zeichnet alles nach, streichelt meine Nase. Humor hat sie ja.

Ich lege meine Hände auf ihr Gesicht, alle beide, nicht kleckern, klotzen. Beim Streicheln der Wangenknochen spüre ich einen zarten Flaum, die Hautlandschaft bietet kaum Unreinheiten. Ich berühre die dichten Augenbrauen und lasse meine Finger über ihr Gesicht wandern. Ihre Augen sind geschlossen. Ich spiele mit den Ohrläppchen, sie sind zum größten Teil angewachsen, der Haaransatz ist fluffig ohne Gel oder Spray, das fühlt sich angenehm an und meine Hände bleiben sauber und trocken.

Ich berühre sie an Schultern und Hals, streichle ihre Haare. Eine dicke Strähne ziehe ich über ihre Schulter nach vorn. Sie sind lang und fühlen sich sehr glatt an.

Sie streichelt mich, am Kopf, ebenfalls an den Schultern. Ihre Hände wandern hinunter zu meinen Beinen.

Eben noch hat sie mich nur gestreichelt, nun drückt sie zu und massiert meinen Oberschenkel. Ich wende mich ihr fragend zu. Doch sie beherrscht nicht einmal das kleine Einmaleins der Gebärdensprache, also erhalte ich keine Antwort. Ich spüre nur ihren Atem im Gesicht, heiß und heftig.

Zack, legt sie ihre Lippen auf meine. Sie bläst mir einen Stoß warme Luft in den Mund, bevor sie sich zügelt und mit dem Küssen beginnt. Ihre Lippen sind schmal, kein bisschen spröde. Sie schmeckt nach Dosenpfirsichen, aber auf eine gute Art.

Ihre Hände bewegen sich mittlerweile beide auf meinen Oberschenkeln auf und ab, nicht mehr nur massierend, fast schon eher quetschend. Sie hat die Führung übernommen, ist längst die halbe Strecke des Weges abgerannt, während ich noch in den Startlöchern stehe und auf »Achtung, fertig, los!« warte. Ich lege die Hände auf ihre Taille, um aufzuholen. Sogar von dort spüre ich ihr Herz. Oder auch eher eine Schlagader, die irgendwo durch ihren Bauch pulsiert. Ich bin abgelenkt von lauter Fragen. Seit ich blind bin, hatte ich viel Sex, mehr als vorher. Aber seit ich außerdem auch noch taub bin, gab es nur eine Beziehung, und zwar mit Petra. Wir kannten uns vorher lange, sogar schon bevor ich blind wurde. Wir haben vorher Ewigkeiten im Chat gesprochen, wir wussten ganz genau, was laufen würde, bevor es das erste Mal geschah.

Hier ist nichts besprochen. Ich weiß nicht, was sie mag. Ich weiß nicht, ob und wie sie verhütet. Im Zweifel mit Kondomen, die liegen allerdings im Badezimmerschrank. Ein total unlogischer Ort, wenn ich es mir jetzt überlege, ich hatte in meinem ganzen Leben nie Bedarf an Kondomen im Badezimmer.

Florence beginnt, mein Hemd aufzuknöpfen. Das genieße ich mehr als das Küssen, aus eher narzisstischen Gründen. Es steckt viel Arbeit in meinem Oberkörper. Ich stelle mir vor, dass sie glücklich juchzt und ich womöglich sogar so günstig sitze, dass ich ein Waschbrett habe. Vielleicht spricht sie sogar mit sich selber. »Wow, sieht der gut aus«, sagt sie. Lässt alles raus. Ungehört, sie kann stöhnen und sich winden und braucht sich keinen Kopf darüber zu machen, ob das albern aussieht oder sich übertrieben anhört.

Ich betaste ihre Oberbekleidung. Nackte Arme. Kein Dekolleté. Bestimmt ein T-Shirt. Ich fasse darunter. Auch ihre Haut fühlt sich heiß an, wie ihr Atem. Der Stoff verschwindet. Sie hat ihr Shirt selber ausgezogen. Auch mein Hemd ist weg. Sie sitzt auf mir.

Offenbar ist sie auf der Zielgeraden. Ich bin gerade erst losgerannt, noch ganz locker, denn schließlich soll das hier ein Marathon werden, oder? Mein Körper mag bereit sein, aber ich möchte Zeit. Ich will Florence überall anfassen, alles aufnehmen. Ich erinnere mich an die salzige Note einer fremden Haut. Wie mag sie schmecken? Wo fühlt sie sich kratzig an, oder gar stachelig, wo ist sie glatt? Wächst ihr ein dünner Flaum am unteren Rücken? Wo ist sie stachelig, flaumig, salzig oder süß? Ich muss das alles erfahren, bevor ich in sie eintauche.

Es gibt noch Anderes, das ich vorher wissen möchte. Ich möchte nicht betrogen werden um das Werben, das erste Date im Restaurant, das erste Mal, dass ich für sie koche. Sie soll die Soße von meinem Finger ablecken. Ich will erfahren, was sie gern isst. Ob sie den Duft von Rosen genießt. Welche Gewürze ihr gefallen. Liebt auch sie den Duft von frisch aufgeschnittenen Zitronen?

Ich halte ihre Hände fest und seufze. Sie hält inne.

Wie mache ich ihr klar, dass auch ich sie will? Nur noch nicht jetzt.

Ich kann mich ihr jetzt nicht mitteilen. Natürlich könnte ich mich an meinen Rechner setzen, ihr eine Nachricht schreiben, die sie auf ihrem Handy lesen kann. Aber nun halbnackt langwierig mithilfe der Braille-Tastatur zu tippen, erscheint mir nicht attraktiv. Deutlich weniger attraktiv als nun meine Zunge in diese schöne Frau zu versenken.

Es ist so lange her!

Mein Unterkörper zeigt deutlich auf sie. Wie ein Wegweiser, der sich seiner Sache völlig sicher ist. "Da! Da!" ruft dieser Teil meines Körpers, voll auf sie gerichtet. Auch er ist nun auf der Zielgeraden, während ich mich auf der Strecke verirrt zu haben scheine, uneindeutigen Hinweisen folge und in Sackgassen gerate.

Sie malt mir etwas mit dem Finger auf die Stirn, ich erkenne es erst, als sie den Punkt darunter macht. Ein Fragezeichen.

All diese Dinge, die ich mit ihr tun möchte, die kann ich auch danach tun. Dieses Mal muss ja nicht das letzte Mal sein. Sie schrieb ja selber, sie suche eher etwas Längeres, wenn es denn passt.

Ich streichle ihre Wange. Sie streichelt meine zurück. Behutsam. Lässt sich auf mein Tempo ein.

Ich schiebe all diese Ideen und Gedanken beiseite und wende mich ihr wieder zu. Diesmal langsamer, dafür bin ich bei ihr, nähere mich ihrem Tempo an. Nun bin ich nur noch Körper. Körper, Nase, Mund, Zunge. Schmecke, rieche, fühle. Ich streichle die raue, schon fast rissige Haut an ihren Ellenbogen. Die stoppeligen Haare ihrer Achseln. Meine Zunge macht ihren Bauchnabel nass und erkundet das weiche Haar, das nur wenige Zentimeter darunter beginnt, bis sie zu Stellen kommt, die ganz und gar nicht mehr trocken sind. Sie entdeckt mich, zieht meine Hose aus, zieht sie herunter, an den Füßen stockt die Hose, ich muss grinsen. Sie zwickt mich spielerisch in die Wade, ich nehme es als Zeichen, dass sie meinen Gesichtsausdruck bemerkt hat. Wenn wir nun eine Tonspur hätten, käme etwas zum Thema Socken. Doch es ist meine Unterhose, die als Letztes fällt. Sie lässt sich Zeit, liebkost meine Beine, die Innenseiten meiner Schenkel, da sind ihre Finger, ihre Zunge, ihre Lippen. Ich setze mich auf, suche mit den Händen ihren Kopf, doch dirigiere sie nicht, lasse sie machen. Auch sie ist nun ruhiger, nicht mehr so vorpreschend.

Sie zieht mir einen Gummi auf. Gut. Das hatte ich vergessen, auf dieser Insel auf Zeit, auf der wir nun leben.

Sie küsst mich, als wir uns vereinen. Unsere Bewegungen sind harmonisch und lange sanft, bevor wir heftiger werden. Wir geraten nicht aus dem Takt, obwohl das Sofa recht schmal ist. Es ist erstaunlich gemütlich. Sie haucht in mein Ohr, ich fühle ihren Atem, mal mehr, mal weniger stark. Schade, dass ich es nicht auch höre, stelle mir vor, was sie ruft, was sie schreit, vielleicht stöhnt sie nur, vielleicht artikuliert sie »Ja! Ja!« oder »Oh! Oh!« Ich lege meine Hände über ihre Brust, damit ich spüre, ob sie etwas sagt, etwas brüllt. Dort vibriert ihr Körper in unregelmäßigen Abständen und ich nehme es durch meine Finger in mich auf, verstehe zwar nicht ihre Worte, aber erkenne ihren Rhythmus und ihre Heftigkeit.

Wie oft habe ich einer Frau beim Kommen zugehört, ohne zu ahnen, wie ich das vermissen würde. Dass Sex sein kann wie in einer schalldichten und erstaunlich dunklen Kammer. Ich seufze, schlucke, dann krampft sie, bewegt sich heftiger und bevor ich darüber nachsinnen kann, nimmt sie mich mit in ihrer Ekstase. Hand in Hand laufen wir ins Ziel ein. Aus der Puste, aber nicht erledigt.

Dann liegen wir da, lange.

Ich räuspere mich, laut genug, dass sie es hören muss und nicht zu laut, sodass es sie erschreckt. Diese Balance zu finden, ist fast unmöglich für mich, daher wage ich es selten.

»Kommst du wieder?«, frage ich, wiederum so, dass es hoffentlich die richtige Lautstärke trifft. Ich weiß, dass meine Stimme heiser klingt, weil ich sie selten nutze. Eine Weile geschieht nichts. Dann legt sie mir ihren Finger auf den Bauch.

Sorgfältig malt sie mir Buchstaben auf die Haut.

Wichtiger Hinweis: Weder ist die Autorin ein Mann, noch ist sie taubblind oder hat persönliche Erfahrungen mit dem Thema.

Freundlicherweise hat die Deutsche Gehörlosen Jugend, das Team des Referats Taubblind ein Sensitivity Reading durchgeführt. Hierfür vielen herzlichen Dank und danke für den äußerst netten E-Mail-Wechsel!

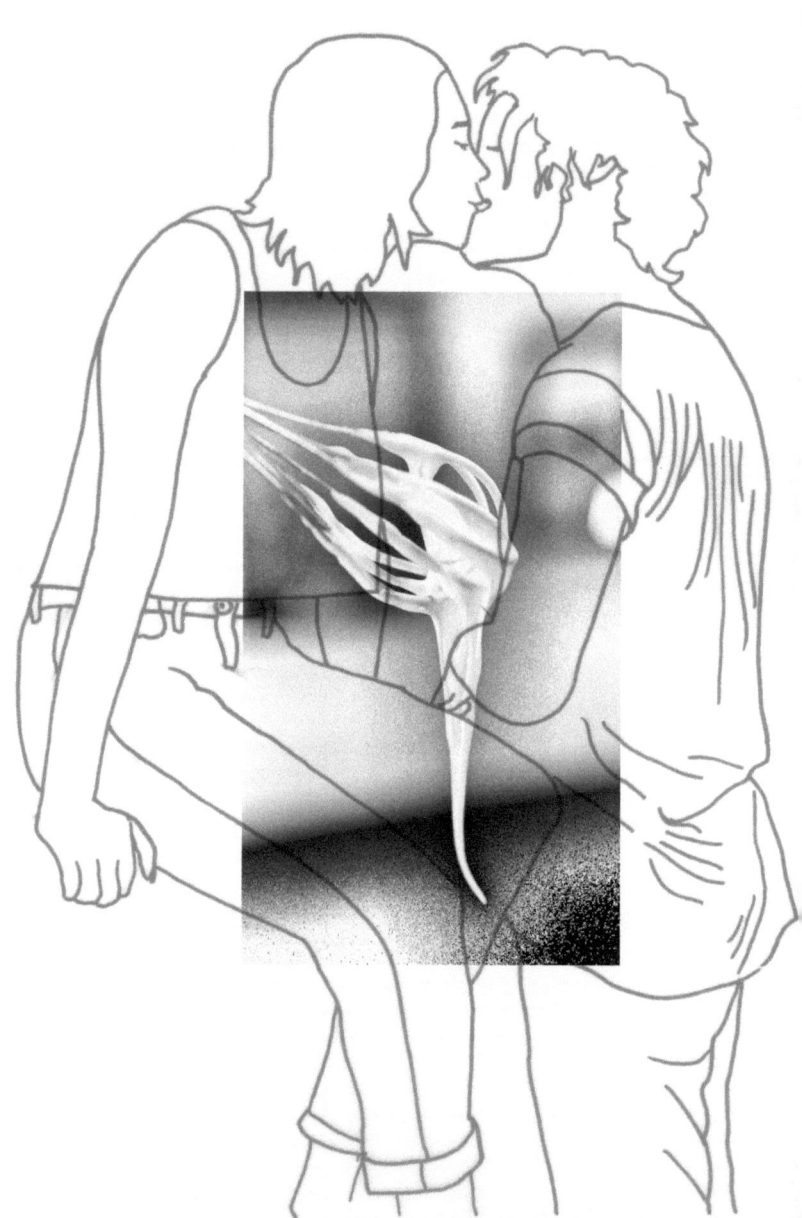

MATTHIAS THURAU

An meinen Lippen, unfassbar

Dich in meiner Küche stehen zu sehen, löst ein seltsames Gefühl von Spannung und Angekommensein aus. Die Reste eures Familienweihnachtsessens und die Reste von uns. Während ich das Fleisch anbrate, rührst du halbverzweifelt kichernd in einer Schüssel. Der dritte Versuch, selbst Mayonnaise herzustellen. Langsam gehen mir die Eier aus. Kleine Würfel Rindfleisch zischen vor sich hin. Ich achte kaum auf sie, wärme sie nur noch einmal auf. Stattdessen drehe ich mich wieder und wieder zu dir um. Kann kaum fassen, dass du hier bist, dass du so bist, dass du so hier bei mir bist.

Du stellst die Schüssel weg und ich nutze meine Chance, greife nach deinem Arm. Kurz erschrickst du, suchst nach meinen Augen, der Schreck wird zu Freude, während ich dich an mich ziehe und küsse. Endlich küsse. Ich drücke dich fest an mich, verlasse deine Lippen nicht mehr. Mit einem gesummten Geräusch und einem Deuten der Hand verrätst du mir deine Sorge um das Fleisch. Langsam schiebe ich dich, noch immer küssend, noch immer haltend, zum Herd, löse eine Hand von deinem warmen Rücken, öffne unwillig die Augen und rühre in der Pfanne. Wir müssen beide lachen. Ich drehe den Herd ab, schiebe die Pfanne zur Seite und trete einen Schritt zurück, noch immer mit dir im Arm, noch immer mit dir an meinen Lippen, unfassbar. Wie im Tanz wende ich uns herum, prüfe kurz die Ablage, vergewissere mich, dass sie leer ist. Dann greife ich dir mit beiden Händen unter den Po und hebe dich auf die Arbeitsfläche. Deine Küsse werden intensiver. Ich halte es kaum aus, will dir näher sein, noch näher. Schwer atmend ziehe ich mich kurz zurück und sage: »Wir können essen«, und lächle dich an. Du antwortest kaum hörbar: »Halt die Klappe!«, rutschst nach vorn, klammerst deine Beine um meine Hüften. Mit einem Ruck halte ich dich, drehe mich behutsam und trage dich ins Schlafzimmer.

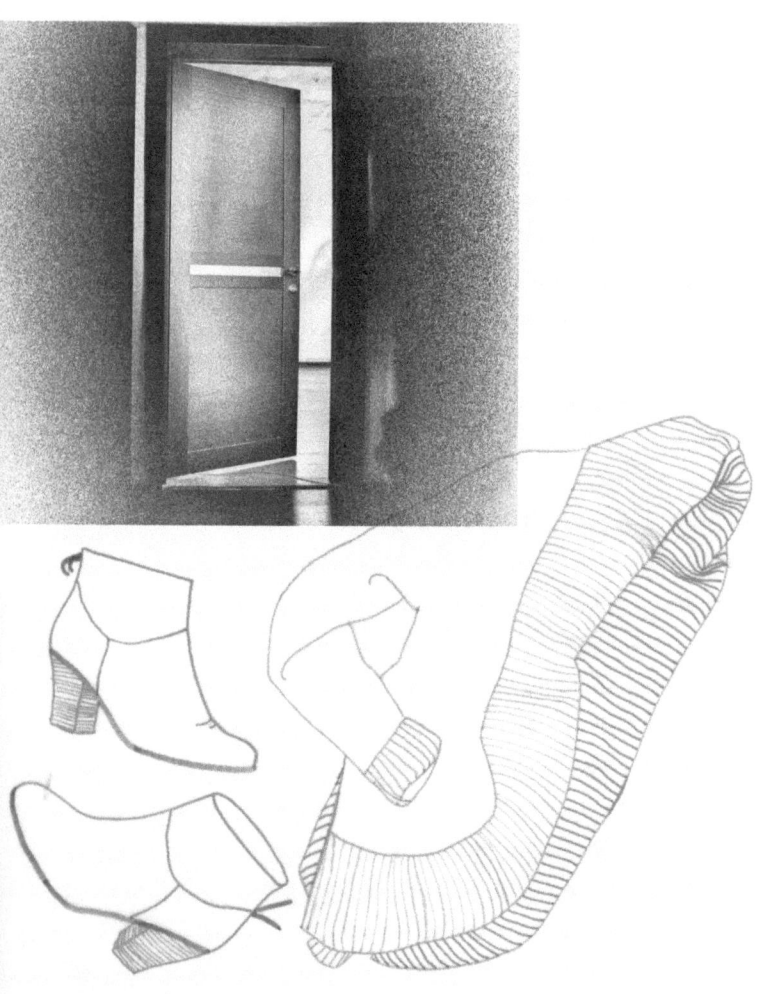

HELEN FAUST

CFNF

Katias Mantel krümmt sich auf dem Boden. Die Hagelkörner darauf sind während unseres Sex zu Wasser geschrumpft und nässen das Laminat im Flur. Die Kälte muss ihm noch anhaften, als sie den Mantel an ihre Brust zieht. Der Stoff tropft weiter in die Pfütze. Ich nehme die kleinste Auszeit von ihrem Besuch, als mein Blick zur Wanduhr huscht. Keine Viertelstunde ist vergangen, seit der Hagelsturm Katia in meine Wohnung gedrängt hat.

»Bleib doch, Katia – draußen stürmt es.« Eine blonde Strähne schmiegt sich an ihre Wangenknochen – Katia klemmt sie zurück. Ihre aufblühenden Augenfältchen zerknautschen meinen Magen. Ich sage: »In einer halben Stunde kommt die Sonne wieder raus« und meine Stimme ist dabei viel höher als sonst. Auf meinen Wangen brennt es, aber sie schmunzelt; ihre Arme lassen den Mantel frei. Er plumpst zurück in das Gerinnsel auf dem Boden.

»Mal sehen, wie das Wetter in zehn Minuten ist.« Ihre Schuhe segeln durch den Flur, bespritzen die Tapete mit Dreck von der Straße. Mit nackten Füßen kommt sie zu mir. Ich liege noch auf dem Sofa, das raue Polster reibt gegen meine Handflächen. Sie läuft

auf den Ballen, die Bundfalten ihrer Stoffhose um-
spielen die Beine. Ich stütze mich auf den Ellbogen. »Es
ist so praktisch, wie nackt du bist.« Es ist vielleicht ein
Scherz, aber trifft mich wie ein Kompliment. Ehe ich
es zügeln kann, freue ich mich.»Ich bin immer nackt
für dich«, sage ich, während mein Zeigefinger die Pause
zwischen meinen Brüsten streichelt. Katia lacht nicht.

»Ich mag dich nackt, Hannah.«

»Ich mag dich sogar angezogen.« Das Zwinkern in
meinem Ton provoziert keine Reaktion in Katia. Stattdessen beschweren ihre Fingerspitzen meine Brustwarzen
und kneifen. Meine Kehle verengt sich. Sinnlich lächelt
Katia – ein Magnetfeld umspannt meine Nacktheit.
Mein Körper ist der Nordpol, das Gesicht bleibt süd. Ich
räuspere mich, aber das hebt die Anziehung nicht auf.
Als Katia wieder spricht, besteht ihre Stimme aus nichts
als Entspannung.

»Deine Brüste sind ganz rot.« Sie zwickt erneut in
mein Fett – ohne Hinsehen ahne ich, wie es erblüht.
»Röter als dein Gesicht.« Ich starre ihre Augen an, doch
weder ihre Lider noch ihr Kinn erheben sich.

»Ich frage mich, warum«, necke ich. Katias Gesicht
nähert sich, ihre Lippen pressen gegen meine ungeöff-
neten Wunden. Zähne streifen meine Haut. Ich strecke
meinen Hals, recke mein Kinn, ihre Finger kratzen meine
dünn bespannten Schlüsselbeine und ich halte still. Sie
saugt an meinen Nippeln und würgt mich. Mein Dau-
men schwebt über ihrem Oberschenkel, streichelt den
kühlen Stoff ihrer Hose. »Du bist so schön, Katia. Zieh
dich wieder aus.« Sie lockert den Griff und ihr Kopf
taucht auf. Flüsternder Atem trägt ihre Sprache.

»Nein.« Nein?

»Ist alles okay? Geht es dir nicht gut?«

»Lass das mal meine Sorge sein, Hannahlein.« Ihr Zeigefingernagelrand kratzt zwischen meinen Brüsten bis über meine Bauchdecke. »Ich will dich noch ein wenig genießen, ehe ich gehen muss.« Das Herz rattert gegen meine Lungenflügel; ich atme hastig und mein Magen vibriert.

»Du kannst auch bleiben.«

»Ich habe Termine.«

»Du kannst ein anderes Mal länger bleiben, ich könnte etwas kochen. Vielleicht Lasagne. Mit Lachs. Oder Gulasch. Was ist dein Lieblingsessen?«

»Ich bin Vegetarierin.«

»Ich auch.« Mit den Kanten ihrer Gelnägel zupft Katia an meinen Venushügellöckchen. »Ich kann Salat machen. Einen coolen – mit Feta und Pinienkernen.« Katias Mundwinkel hebt ab, während ihr Kopf in Schieflage sinkt.

»Hm«, sagt sie. Meint sie den Salat? Oder meine Vulva? »Spreiz deine Schenkel ein bisschen.« Ich gehorche, während ich weiter an das Essen denke.

»Was sagst du, Katia?« Mit meinem freien Arm kraule ich ihren Kopf. Ihre Haare sind so weich.

»Du löst meine Strähnen.« Sie lacht, während sie das sagt, aber ihr Nacken wirft mich ab. Drei Klammern halten das lose Haar an ihrer Kopfhaut fest – ein Zopfgummi umfasst den Rest.

»Ich meine dazu, mal einen Abend zu bleiben«, sage ich. »Zu essen, vielleicht übernachten.«

Nun lacht sie wieder.

»Wir haben auch ohne Übernachtung Sex, Hannah. Die anderen machen das nur als Alibi.« Sie zwinkert. Als ich nicht lache, berührt ein Finger meine Klitoris und ich erschauere. »Halt still.« Sie treibt zwei Finger zwischen meine Schamlippen und streicht meinen Spalt. Meine Finger krabbeln über die Außenseite ihrer Oberschenkel, genießen ihre Linien und streicheln die Hose. Sie rubbelt weiter über meine halbfeuchte, halbtrockene Vulva. »Deine Klit sieht jetzt aus wie deine Nippel.«

»Hm«, sage ich und schäme mich, aber mir fällt keine Reaktion ein. Sie schmunzelt.

»Du brauchst viel Aufmerksamkeit, Hannah. Aber das finde ich niedlich.« Das Reiben fährt fort, intensiviert sich.

»Ich brauche nicht viel.« Nur dich. Ihre Augen lächeln, sie findet mich niedlich. In meiner Brust krampft Verlangen, weil Katia es nicht stillt. Ihre Berührungen schmecken steviasüß - mein Insulin pumpt und kein Zucker kommt.

»Die Wolken haben sich schon verzogen.« Katias Finger spielen mich, während ihr Blick aus dem Fenster weht.

Ich nicke.

»Gut, dass du gewartet hast.« Ich bestimme die Tonhöhe nicht. Ich bin es nicht, die meinen Körper stimmt und die Schwingungen lenkt. Katia hat mich aufgespannt. Und ihre Finger verstummen. Sie sieht mich an und küsst mich auf die geschlossenen Lippen. Ihre Hände ziehen in die Ferne.

»Ich geh dann mal, bis bald.« Der Satz treibt sie in den Stand, eine Wendung und sie entfernt sich. Zwei

Sekunden und ihre mit mir benetzten Hände berühren die Tür, um mich zu verlassen. Die Zugluft trocknet meine Lippen aus. Ich zuckte mit der Zunge darüber, schließe träge den Mund und presse meine Beine zusammen.

»Ja, bis bald«, sage ich. Es knallt – Katia merkt nie, wie leicht das Material meiner Wohnungstür ist. Ich schiebe meine Hüfte über die Sitzfläche des Sofas und schmiege die Wirbelsäule an den Stoff. Das Zittern meiner Finger verlangsamt den Griff nach dem Handy. Ich halte meinen Finger auf der 2 – die Kurzwahl für Joana.

»Hannah! Wie geht's dir?« Die Handyhüllenkühle schreckt meine Haut, als ich sie mir auf das Brustbein lege. Das Gewicht beruhigt meinen Drang.

»Katia war eben da.« Ich lausche, höre aber kein Atmen aus dem Lautsprecher. »Sie war zufällig in der Gegend und hatte kurz Zeit.«

»Und wie fühlst du dich jetzt?«

»Gut.« Ich lüfte meine Beine. Eine feine Schicht Sekret trocknet in meinem Oberschenkelspalt. »Es ist so schade, wenn sie geht.«

»Sie wird immer schneller gehen, als du dich an sie gewöhnt hast, Hannah.« Ich sage nichts – Joana tut mir weh. Wenn ich zugebe, dass sie recht haben könnte, dann wäre alles, was ich tue, so dumm. Dann müsste ich Katia fortschicken, wenn sie klingelt. »Bitte servier die Frau ab, Hannah. Ich höre doch, wie verletzt du bist.«

»Es tut mir leid, dass ich angerufen habe. Eigentlich ist nichts.« Ganz kurz zweifle ich daran. »Tschüss.« Ich warte auf irgendwas. Aber Joana sagt nichts, bis ich auflege. Das Handy ruht auf dem Heben und Senken

meiner Atmung. Meine Lider flattern und fallen zu –
ich weiß nicht, wie lange. Aber irgendwann vibriert
mein Handy. Ich kippe das Gerät aus der Horizontalen
und öffne den Chat.

Hey Schöne! Bin morgen wieder in der Gegend,
könnte zwischen 3 und 7 iwann vorbeikommen.

Katia reißt an der Motorschnur meines Körpers und
mit einem Rattern springt mein Herz an. Ich überdenke,
dann tippe ich.

Wie gesagt, ich bin immer nackt für dich. Zwinker-
Emoji, Herz-Emoji, senden.

JANINA HASELBACH

Na(c)haufnahme

Sie liegen nebeneinander, die Luft noch brennend. Das Fenster geöffnet, doch der hereinströmende Sauerstoff ändert nichts an der hitzigen Stimmung. Ihre Wangen sind gerötet, seine auch. Das würde sie sehen, wäre ihr Blick nicht von dem Glühen in seinen Augen gefesselt. Ein schönes Glühen. Wie das eines Feuers, das gerade noch meilenweit alles erhellt hat und ihr sagt, dass es jederzeit wieder Flammen werfen kann. Das Bild gefällt ihr, denn es passt zu ihnen.

Jetzt sind die Flammen still, aber sie sind nicht erstickt. In ihnen lodern sie weiter. Und sie müsste nicht in seine Augen sehen, um zu wissen, dass es wirklich so ist. Dass es nicht nur ihr Gefühl ist – nein, auch seins.

Ihr Herz ist voller Feuer für den Mann, in dessen Augen ein Verlangen liegt. Ein Verlangen nach *ihr*.

Immer noch.

Seine Finger streicheln sanft ihre Schulter. Malen tanzend kleine Kreise und erzeugen eine Gänsehaut auf ihrem Arm. Es gefällt ihr, bei ihm ist sie zuhause. Bei ihm ist sie sicher. Leise, doch in immenser Geschwindigkeit, breitet sich die Gänsehaut aus, als er sich zu ihr beugt und seine Lippen zärtlich ihre Stirn küssen. Für einen Moment stellen sich alle Härchen ihres Körpers auf und ein wohliger, kleiner Schauer läuft ihr über den Rücken. Ein außenstehender Betrachter hätte vielleicht gemutmaßt, dass der Windhauch, der in diesem Moment durch das Zimmer tanzt, der Auslöser dafür sei. Schließlich ist ihre Haut noch schweißnass. Doch sie weiß, dass es nicht der Wind ist. Es ist seine Berührung, so leicht und voller Liebe. Liebe für *sie*.

Auf der Straße hupt ein Wagen, mehrfach. Doch sie liegt in seinem Arm und die Welt da draußen ist vergessen. Jetzt gerade gibt es nur sie beide und das Feuer, das nicht erlischt. Sie ist sich sicher, dass es nie erlöschen wird. Und doch ist dieser Gedanke gerade unwichtig, es geht nur ums Jetzt. Wer denkt schon an die Ewigkeit, wenn er das Glühen des Moments genießen kann? Sie liegen so nah beieinander, dass sie seinen Herzschlag hören kann – wesentlich lauter als das Hupen auf der Straße. Bedacht hebt sie die Hand, legt die Finger auf seine Brust. Jetzt kann sie den Herzschlag auch spüren. Den Herzschlag, der ihn und das Feuer am Leben hält und gerade doch nur ihr gehört. *Wunderschön.*

Er lässt seine Lippen etwas tiefer wandern, liebkost ihren Nasenrücken, die Nasenspitze und schließlich den Mund. Ihr Herz schlägt schneller und bleibt im gleichen Moment stehen – nur für einen Augenblick sind alle physikalischen Gesetze außer Kraft gesetzt. Zu gerne möchte sie ihm zuflüstern, dass sie ihn liebt, doch kein Wort dringt über ihre Lippen. Und sie weiß, dass sie es nicht sagen muss.

Er zieht sie zu sich, haucht ihr zärtlich einen Kuss auf die Lippen. Nicht fordernd, und doch bekommend. Keiner von ihnen friert, er tastet dennoch nach der

Decke – zwischen ihnen kaum mehr Platz für ein Blatt Papier. Sie brauchen sie nicht und doch ist sie ein Schutzschild, die das Feuer sicher bewahrt. Es gehört nur ihnen.

Das Auto auf der Straße hupt erneut – oder es ist ein anderes. Wer weiß schon, wie viel Zeit vergeht, während sie hier in seinem Arm liegt. Die Ewigkeit ist in dem Moment gefangen.

Vermutlich hätte sie es gar nicht wahrgenommen, würden sich seine Lippen nicht von ihren lösen. Nicht weit, nur so weit, dass ein leises Murmeln seiner Worte an ihr Ohr dringen kann.

»Soll ich das Fenster schließen?«

Ein schöneres *Ich liebe dich* hätte er nicht sagen können, während eine Hand ihre Seite streichelt. Die Lippen schon wieder auf den ihrigen. Er macht keine Anstalten, jetzt aufzustehen.

»Lass nur …« *Geh nicht weg. Bleib hier bei mir liegen. Noch ein bisschen. Noch ein paar Minuten Ewigkeit.* Sie braucht kein geschlossenes Fenster, um die Welt auszusperren. Und so, wie er jetzt seine Hand an ihre Wange legt, braucht er es auch nicht.

Ich liebe dich.

Die Worte liegen ihr auf der Zunge, aber noch viel wichtiger: Sie liegen in ihrem Herzen. Und so müssen sie nicht über ihre Lippen kommen, es reicht aus, hier zu liegen und ihn zu küssen. Ab und an, immer mal wieder. Die Schnelligkeit, die Geschwindigkeit, sie ist längst von ihnen abgefallen. Langsam nur verlässt die Röte ihre Wangen, nicht aber ihr Herz. Wie könnte sie, wenn er doch neben ihr liegt?

Sie ist Sein und er ist Ihres. Zwischen ihnen Feuer. Und Glut. Und Ewigkeit. Und der Augenblick.

»Willst du schlafen?«

»Nein. Nur nicht aufstehen.«

»Gut.«

Sie will ihn weiter ansehen. Weiter seine Berührungen spüren. Seine Küsse erwidern, die ihr jedes Mal den Atem nehmen. Je sanfter, desto atemraubender.

Bei ihm ist sie sicher, bei ihm ist sie zuhause. Er wird sie nicht loslassen. Nicht fallenlassen. Niemals.

Und wenn nicht nur ihre Wangen nicht mehr gerötet sind, sondern auch das Glimmen abnimmt, wird er sie an sich ziehen. Sie küssen. Mit ihr verschmelzen. Und sie werden vor Seligkeit stöhnen, die Flammen des Feuers auflodern lassen. So lange, bis sie wieder nebeneinanderliegen. Die Wangen gerötet, doch das können sie nicht sehen, weil die Glut in den Augen des Anderen sie hypnotisieren wird.

Sie weiß, dass das so sein wird. Und doch verschwendet sie daran gerade keinen Gedanken, als sie über sein Gesicht streichelt und sie die leichten Bartstoppeln kitzeln. Jetzt gerade zählen nur der Augenblick und die Funken zwischen ihnen.

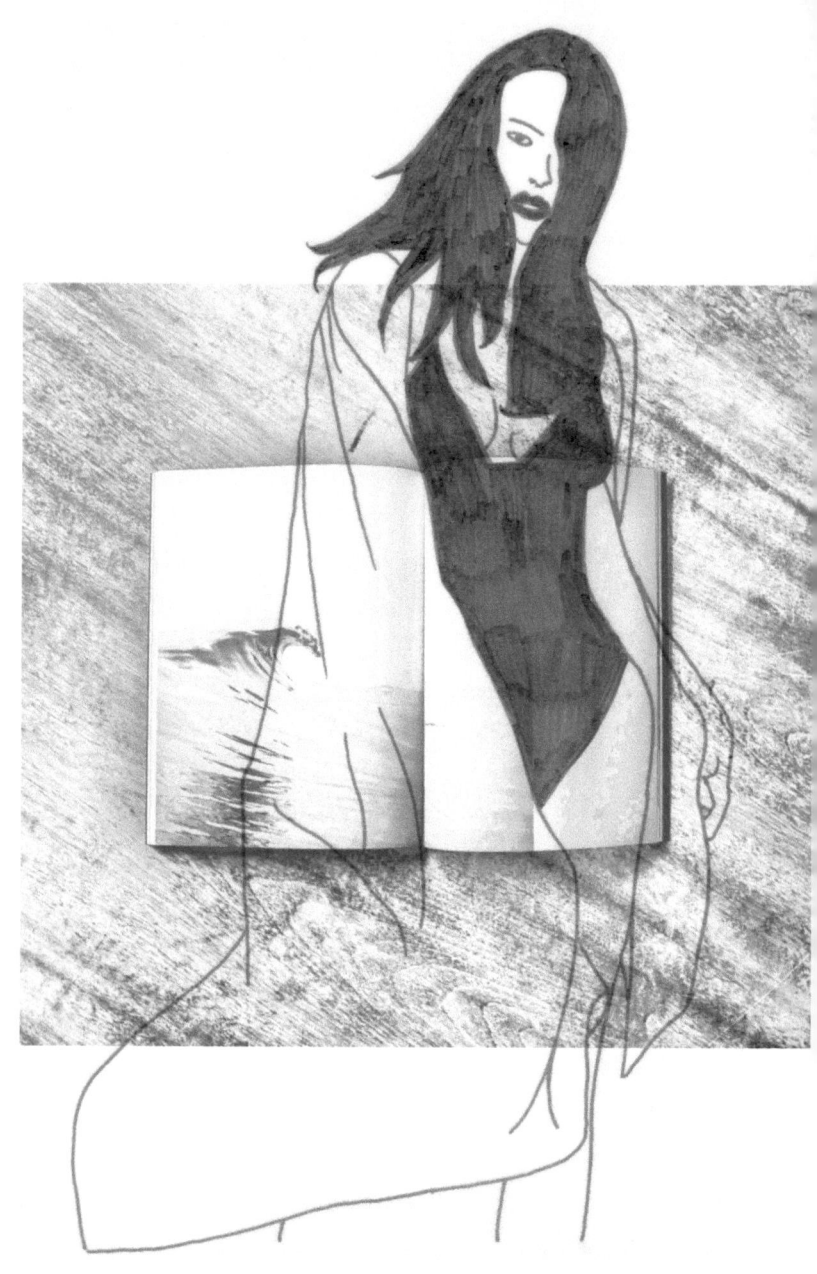

Seite 197

Das dritte Buch vom zweiten Stapel liegt neben dem fünften Kaffee aus der Mensa auf Seite 197 aufgeschlagen. Luke versucht, sich nicht ablenken zu lassen, nicht von all den Büchern um ihn herum, von dem leisen Gemurmel anderer Studenten von den Nebentischen. Er knipst die Tischlampe seines Arbeitsplatzes an, denn Tageslicht soll Wachheit und Konzentration fördern. Er beugt sich über den Lesestoff, beim dritten Absatz auf der Seite war er stehen geblieben, und verschwindet darin.

Ein kurzer Ausflug ans Meer würde ihn entspannen. Er säße im Café am Meer und würde diesen einen Cocktail bestellen, der so herrlich nach Urlaub schmeckt. Aprikose, Cranberry, Orange … Ananas. Die Eiswürfel des Cocktails würden das Glas mit feinen Wassertröpfchen versehen.

In der Hitze des Sommers kühlt der Wind die sonnengerötete Haut in Lukes Gesicht. Er lässt sein Getränk los, verteilt die Feuchte auf der Stirn. Ein wenig Abkühlung. Er blinzelt. Da fällt sie ihm auf: die Frau, für die der Strand wie geschaffen scheint.

Roter, halbtransparenter Stoff umweht wunderschöne Beine. Darunter trägt sie einen Badeanzug, schwarz wie ihr noch feuchtes Haar. Und so, wie sie weder Rucksack noch Handtasche bei sich hat, trägt sie dieses Nichts majestätisch wie eine Königin. Sie braucht nichts außer sich selbst und den Strand.

Kein Smartphone, durch das Selfies das Beweismittel dieses Augenblicks würden.

Kein Handtuch, das ihre Haut davor bewahrt, von Sand beklebt zu werden.

Keinen Sonnenhut, sodass sie spontan ins Wasser laufen kann, wenn ihr danach ist.

Kein Getränk, das sie daran hindern würde, auf Luke zuzugehen, der sie über seinen Sex on the Beach hinweg beobachtet.

Die Dame beeindruckt Luke. Sie wirkt unabhängig. Wie eine Jamila oder eine Sofia oder eine Helena. Ja, Helena ist ein guter Name für sie. Sie kommt auf ihn zu. Sieht ihm direkt in die Augen. Ihm wird heiß und heißer. Ein Schluck seines Cocktails verschafft ihm einen kurzen Moment der Kühlung, doch sofort kommt die Hitze von innen in einem Schwall zurück. Er lässt sie nicht aus den Augen. Dann fragt sie, ob sie kosten darf, und natürlich sagt er Ja. Leckt sich genüsslich über die Lippen, nachdem sie einen Schluck genommen hat. Einen winzigen Schluck. Das Glas ist noch immer halb voll.

Sie überlegt, trinkt erneut. »Wodka«, stellt sie zunächst fest. Erneut nippt sie am Getränk. »Orange, Cranberry ...« Mit jeder erratenen Zutat wächst Lukes Erektion. Sie errät die vierte Zutat: »Ananas!«

Er nickt anerkennend.

Sie lächelt verschmitzt. »Sex on the Beach?«

Luke reißt die Augen auf.

Er nimmt seine Jacke von der Stuhllehne und legt sie sich auf den Schoß.

Luke schaut sich irritiert um, zuckt mit den Schultern.

Er blättert um.

Seite 198.

MIRJAM KERGL

Märchenstunde

Die Landschaft flog vorüber, verschmierte zu Streifen aus matschigen, scheinbar ineinanderfließenden Farben, die sich die Welt in Himmel und Erde aufteilten. Sophie schielte unauffällig auf die Geschwindigkeitsanzeige.

»Du bist zu schnell«, sagte sie.

Jonas beugte sich über die Mittelkonsole und legte eine Hand auf ihr Knie. »Ich habe heute nicht viel Zeit«, antwortete er.

»Mmh.« Da wo seine Hand lag, wurde ihr Bein warm.

Jonas fuhr langsamer und setzte den Blinker. Tick, tack. Die Zeit floss nicht, sie marschierte im Stechschritt.

»Was meinst du …?«, fragte er. Im Stiefelgewitter erzitterten die Sekunden. Tick, tack.

Links kauerte sich ein kleiner Wald in eine Weite aus abgeernteten Feldern. Der Himmel hing tief und presste die Landschaft auf Normalmaß zusammen.

»Hier?«, er formte seine Stirn zu einer Gebirgslandschaft. Zwischen den Augen war der Grand Canyon.

»Ich weiß nicht …«, sie zog an ihrer Oberlippe. »Hier kann man dein Auto meilenweit sehen.«

Es war der falsche Ort. Zur falschen Zeit. Wie immer. Er seufzte und fuhr langsam weiter, ein Rennrad überholte sie.

Jonas lachte. »Vielleicht hast du recht. Zu viel los hier.« Trotzdem brachte er den Wagen zum Stehen. »Hey«, er drehte ihren Kopf so, dass er ihr ins Gesicht sehen konnte. »Eine bessere Idee?«

Sie schüttelte den Kopf. Nein, hatte sie nicht. Letzte Woche waren sie weiter weggefahren, in Richtung Norden. Dort war mehr Wald. Mehr Wald bedeutete mehr Platz zum Verstecken. Aber heute hatten sie keine Zeit, um lange in der Gegend herumzusuchen, es war beinahe dunkel. Das Abendessen rückte näher, tick, tack. Sophie versuchte, Details in Jonas' Profil zu erkennen. Aber es fehlte der Kontrast. Die herangaloppierende Dunkelheit schob die verbleibende Zeit zu einer kleinen Falte zusammen, die bald glattgestrichen sein würde. Tick, tack. Es begann, leise auf das Autodach zu prasseln.

»Mist«, sagte Jonas. »Es regnet.«

Sophie stieg ein gluckerndes Lachen die Kehle hinauf. »Das nächste Mal nehmen wir ein Zelt mit.«

Sie hörte ihn Grinsen. »Ja, das wär was.« Sein Lächeln geriet immer ein wenig schief.

Er lehnte seinen Kopf zurück und schaute in die Dämmerung. Die untergehende Sonne beschien die Wolken von unten. Über den Feldern bildete sich ein Regenbogen, schaffte es allerdings nicht bis zu einem kompletten Halbkreis.

»Wir haben aber kein Zelt dabei«, erinnerte sie.

Die Scheibenwischer quietschten über die noch fast trockene Scheibe. Jonas stellte den Motor ab, sofort ging das Innenlicht an.

»Ist gleich wieder aus«, versprach er hastig.

»Na, hoffentlich. Uns kann jeder sehen.« Sie deutete

in die matschfarbene Weite. »Wie auf dem Präsentierteller hier.«

In der Ferne zogen die Lichter von vorbeifahrenden Autos auf, reichten aber nicht bis zu ihnen. Sie beleuchteten lediglich das, was um sie herum war, und blieben nur entfernt verwandt mit einer Enthüllung.

»Ja, jeder«, bestätigte er.

Vor zwei Wochen wären sie beinahe entdeckt worden. Sophie hatte sich an einem Baum festgehalten und Jonas war hinter ihr gewesen. *Sei still*, hatte sein Atem an ihrem Ohr gekitzelt. In einiger Entfernung waren Stimmen zu hören. Und als es wieder ruhig war, hatten sie einfach weitergemacht. Gefickt, als ob es kein Morgen gäbe.

Sophie schnallte sich ab.

»Was hast du vor?«, flüsterte er.

Es war ihr schon öfter aufgefallen, dass man im Dunkeln das Bedürfnis hat zu flüstern, aber gerade jetzt wurde ihr die Sinnlosigkeit dessen bewusst. Sie setzte sich seitlich auf die Kante des Beifahrersitzes, sodass sie ihm gegenüber war, und räusperte sich.

»Wenn wir jetzt im Zelt liegen würden«, begann sie, »würde der Regen ganz romantisch auf das Zeltdach pladdern.« Tick, tack. Sie hielt einen Moment inne, aber nicht so lang, dass ihr die Zeit davonrennen konnte. »So wie jetzt hier aufs Autodach. Genau so.«

Es war inzwischen so dunkel, dass sie beinahe nur noch den schwachen Glanz seiner Augäpfel sehen konnte. Sie schimmern wie Litschis, dachte sie.

»Wir hätten nicht nur an das Zelt gedacht, sondern auch an eine Luftmatratze, nein, das Aufpumpen dauert zu lang, eine Isomatte.« Bei dem Gedanken an ihren letzten Zelturlaub korrigierte sie sich: »Eine *dicke* Iso-matte. Gegen blaue Flecke.«

Er lachte leise in die Dämmerung. »Die ganzen Wur-zeln und Äste und spitzen Steine auf dem Boden ...? «

»Genau.«

Ein Auto näherte sich von hinten. Die Scheinwerfer bestrahlten Jonas' Gesicht über den Rückspiegel. Sie sah die Angst in seinen Augen.

»Runter!«, zischte er.

Sie legte die Stirn auf seinen Oberschenkel. Der Stoff seiner Jeans war rau und roch nach Weichspüler.

»Oha«, murmelte er.

Sie kicherte leise und kniff ihm ins Bein. »Ist das Auto weg?«, fragte sie.

»Mmhh«, brummte Jonas. »Aber du kannst ruhig da unten bleiben.« Er strich ihr durch die Haare, was sich so anfühlte, als ob sie Zwiebeln schneiden würde. Sie wischte sich schnell über die Augen und setzte sich wieder.

»Hast du zuhause ein Zelt?«, fragte sie.

»Nee. Doch.«, er machte eine kurze Pause, als wüsste er nicht so recht weiter. Tick, tack. »Das Kinderzelt.«

»Ah.«

Draußen lief das Regenwasser in Bächen die Wind-schutzscheibe hinunter, wirkte wie ein Vorhang. Da-hinter gab es nichts zu sehen, dort war nur Dunkelheit.

»Ist vielleicht ein bisschen klein für zwei Erwachsene«, überlegte er.

»Ach«, machte sie.

Ach hatte Sophie auch zu Vera gesagt. *Ach, ist doch nur Sex. Keine Gefühle, versprochen.* Und dann hatte sie zwei Finger zum Schwur gehoben und gelacht. Und Vera hatte sie ungläubig angesehen. Hatte *na, wenn du meinst* gesagt und mit gelacht.

Sophies Stimme nahm umständlich Anlauf. »Bring es doch das nächste Mal mit. Dann«, sie rutschte ganz nah an ihn heran, »können wir ausprobieren«, sie umarmte ihn über die Handbremse hinweg und suchte im Dunkel seine Lippen, legte ihre darauf und sprach leise weiter, ihre Lippen auf seinen Lippen, »ob es wirklich zu eng ist.«

Er seufzte leise. »Ja, mach ich«, flüsterte er und knabberte an ihrer Unterlippe.

Sie schob ihn halbherzig von sich, aber er griff nach ihrem Kragen. »Dann liegen wir zusammen im engen Zelt«, erzählte sie weiter und versuchte, seinen Küssen auszuweichen, was sich als nicht einfach erwies. Sie sprach also zwischen sie hindurch. »Es regnet auf das Dach. Und es ist dunkel. So wie jetzt. Genauso. Und das Zelt steht zwischen den Bäumen und der Regen rauscht durch die Blätter. Schschsch.«

»Scheißwetter«, murmelte er.

»Ja, Scheißwetter.« Tick, tack.

»Was passiert dann?«, fragte Jonas. »Im Zelt, meine ich.«

Sophie lehnte sich zurück, mit dem Rücken an die Fensterscheibe. Gänsehaut spannte ein feines Netz aus Kälte um ihren Körper herum. »Ich weiß nicht«, sagte sie. »Ist es Sommer oder Winter?«

Er tastete nach ihr. »Winter.« Seine Hand fand ihr Knie, wanderte höher. Sophie schob sie weg.

»Na, na, na. Konzentration.« Sie lächelte ihn an,

obwohl er es nicht sehen konnte. »Wir haben natürlich auch an einen Schlafsack gedacht –«

»Nur einen?«, unterbrach er sie.

»Ja, nur einen.«

Er lachte leise und versuchte, sie am Pullover zu sich zu ziehen. »Das wäre schön kuschelig. Zu zweit in einer engen Wurstpelle.«

»Wenn man sich nackt in den Schlafsack legt, friert man nicht so. Man muss sich aber ganz ausziehen.« Er hatte sich vor ihr noch nie komplett entkleidet. »Besser ist es natürlich, wenn zwei nackte Körper sich aneinander wärmen können.« Und er hatte sie ebenfalls noch nicht vollständig nackt gesehen. Das hieß, er wusste nichts von ihrem sichelförmigen Muttermal zwischen den Schulterblättern. Und sie wusste nicht, was sie alles noch nicht kannte.

»Zieh dich aus«, sagte sie deshalb.

Jetzt hebt er bestimmt seine rechte Augenbraue, dachte sie. Sie meinte zu hören, wie sich seine Gesichtsmuskeln verschoben, aber es war das Geräusch von seinem Pullover, den er über den Kopf streifte. Sophie spürte ein Ziehen in der Magengrube, nein, ein gutes Stück darunter. Dort rannte dieses unbändige Tier, was von der Leine gelassen werden wollte. Es zog so stark an der Kette, dass es beinahe weh tat zwischen ihren Beinen. Sophie streckte vorsichtig ihre Hand ins Dunkel, wusste nicht, was sie finden würde. Ihre Fingerspitzen trafen auf seinen Arm und landeten nach kurzer Wanderung in seiner Armbeuge. Sie kannte die hervorstehenden Adern auf dem Unterarm und den unteren Zipfel des Tattoos, welches aus dem Ärmel lugte. Jetzt hatte Jonas es freigelassen und Sophie versuchte, es zu ertasten.

»Was ist mit dir?«, raunte er.

Sie antwortete nicht, fuhr mit den Fingerspitzen über Schulter und Schlüsselbein, versuchte zu fühlen, ob sich noch mehr Tinte unter der Haut befand, betastete seine Brust. Er hatte sich rasiert, die Stoppeln veränderten die Oberfläche, es fühlte sich an, als würde Sophie über Schmirgelpapier reiben. Die kleine weiche Kuhle zwischen Brust und Bauch lag in seinem Körper wie ein leerer See. Dort war die Haut zart, unberührt. Sophie formte eine Faust und legte sie in die Vertiefung. Sein Atem ging schnell und gleichmäßig, füllte die Grube, leerte sie wieder. Weiter unten war ihr sein Körper bekannt, nicht, dass sie jemals ausreichend Zeit gehabt hätte, ihn zu erforschen. Tick, tack. Gürtelschnalle auf, tick, tack. Hose runter. Tick, tack. Jetzt wollte sie die Zeit und versuchte, sie wie Kaugummi zu dehnen. Aber sie hatte Angst, dass diese reißen könnte, also zog sie nicht zu sehr. Das Stück unterhalb seiner Bauchmuskeln war weich, noch unverstellt, wahrhaftig, dieser Bereich zwischen Sixpack und Hosenbund, schmeichelte ihren Händen, denn jenseits seines perfekt geformten Nabels schien die Welt noch in Ordnung, wölbte sich ein leichter Bauchansatz, es sah so aus, als ob alle Bemühungen, seinen Körper zu formen, an dieser Stelle gescheitert wären. Eine prächtige Allee aus kurzen, schwarzen Härchen wies den Weg zu seinem Allerheiligsten. Sie ließ ihren Zeigefinger auf dieser Straße hinabfahren, bis er von der kalten Gürtelschnalle gestoppt wurde. Tick, tack, zack, die Zeit schnellte zusammen wie ein Gummiband. Das wilde Tier in ihr wurde unruhig und kratzte ungeduldig in ihren Einge-weiden. Wenn Sophie Jonas' Hose öffnen würde, würde es sie anspringen. Sie öffnete sie nicht.

»Könntest du mit mir nackt in dem Schlafsack liegen«, fragte sie, »ohne mich anzufassen?«

Er stöhnte gequält. »Warum?«

»Nur so.« Um das Biest im Zaum zu halten. Wahr-scheinlich um das Richtige zu tun und nicht immer das Falsche.

Wir konnten uns nicht gegeneinander wehren, hatte sie Vera erzählt. *Wir waren wie unbeabsichtigt ineinander geflutscht.* Vera hatte sich vor Lachen an ihrer Bloody Mary verschluckt. Aber es stimmte, sie waren einfach so im Leben ausgerutscht und ineinander gefallen. Hatten sich ineinandergeschoben, wie zwei sich er-gänzende Puzzlestücke. Und sich krampfhaft anein-andergeklammert.

»Nein, könnte ich nicht«, sagte er.

Sie hörte, wie er versuchte, seine Gürtelschnalle zu öffnen. Dann das Reiben von Stoff an Haut. Die Jeans fiel raschelnd in den Fußraum. Sie tastete nach dem, was sich normalerweise in der Hose befand, nur beim Pinkeln nicht, oder beim Samstagssex mit seiner Frau. Oder beim Kindermachen. Oder wenn *sie* es heraus-holte, im Wald, auf dem Klo, auf dem Konferenztisch oder eben im Auto. Und vielleicht sogar irgendwann einmal im Zelt seiner Kinder. Sophie packte fest zu. Die zusammenschnurrende Zeit ticktackte in ihrem Kopf, presste ihr die Luft aus der Lunge, sodass sie ganz außer Atem geriet. Jonas ging es offensichtlich ähnlich, er zog die Luft angestrengt zwischen seine Zähne. Sein

Ausatmen war mit Ton. Er griff in ihren Nacken und zog sie zu sich. »Ahhh«, machte er, sein Stöhnen füllte Sophies Mund, und konnte nicht küssen, weil er zu sehr mit dem Atmen beschäftigt war. Ihr inneres Tier wollte sich losreißen, rannte unruhig auf und ab, jaulte, zerrte beinahe unerträglich, schnüffelte suchend bis hinein in ihre Hand, fühlte, was sie fühlte, etwas Hartes und Warmes mit unfassbar zarter Oberfläche, wollte es verschlingen und in sich aufnehmen. Aber sie verbot es ihrem Biest, indem sie die Hand öffnete und das harte Warme in verzweifelter Einsamkeit zurückließ. Sophie war stolz auf sich, sie hatte die Sekunden ausgebremst und die Luft schien wieder in ausreichender Menge vorhanden.

»Hey«, fragte er leise. »Was ist los? Stanley fühlt sich einsam.«

Nachdem sie es das erste Mal miteinander getrieben hatten, kurz nach Feierabend auf dem Konferenztisch, hatte er sie förmlich vorgestellt, Sophie, das ist Stanley, Stanley, das ist Sophie. Sie hatte gelacht.

»Du spinnst«, meinte sie. Sie wollte mehr Zeit. Und mehr Licht. Sie versuchte krampfhaft, sich seinen Körper vorzustellen. »Es müsste heller sein. Damit ich dich ansehen kann.«

»Bloß nicht!«, japste er.

»Keine Angst.« Sie musste kichern. »Hier nicht. Aber im Zelt hätten wir eine Taschenlampe.« Ihre Hand glitt über seine Brust, Bauch, Schwanz, Oberschenkel… Er atmete lauter und hielt ihre Hand fest.

»Stopp. Du musst dich auch …« Seine Stimme hörte sich an, als ob er einen Marathon gelaufen wäre. Oder noch liefe.

»Was denn?«, flötete sie unschuldig.

Der Regen trommelte inzwischen sehr laut, vielleicht war Hagel dazwischen. Harter Hagel. Tick, tack.

»Du machst mich wahnsinnig«, jammerte er in das Hämmern hinein.

»Denk an das Zelt«, sagte sie. »Wir im Schlafsack. Du schmiegst dich an mich. Nackte Haut an nackte Haut. Uns wird ganz warm …«

Sie wusste nicht weiter, der Moment war zum Zerreißen gespannt und klang wie eine Gitarrensaite. Bevor sie reißen konnte, zog sich Sophie das Oberteil über den Kopf. Sie ließ ihren BH aufschnappen, öffnete den Gürtel und lauschte dabei Jonas' Atem. Er umfloss sie heiß, lockte sie, zwang ihr Herz schneller zu laufen, mühselig gegen die schwindende Zeit an. Tick, tack. Sie nestelte nervös an ihrem Hosenknopf. Jonas half ihr, die Jeans hinunterzuziehen, bis sie als dicker Wulst um ihre Knie lag. Er war ihr trotz Mittelkonsole so nah, dass sich die Wärme ihrer Körper zwischen ihnen aufstaute und die Dunkelheit zum Flirren brachte. Seine Hände allerdings waren kalt, er wärmte sie an der heißesten Stelle ihres Körpers, wie an einem Lagerfeuer. Ihr Biest im Inneren japste nach Luft, rannte wie irre im Kreis, immer im Kreis, wollte sich selbst in den Schwanz beißen, bis es irgendwann aufjaulte, erschöpft liegen blieb und hechelte. Die Zeit lahmte kurz, wollte eher rückwärts, es gab kein Tick, kein Tack. Aber nur einen Moment lang. Dann holperte und stolperte sie umso schneller.

»Boah, ey«, sagte sie, »wir sollten das lassen.«

Wir sollten das lassen, sie sollte das lassen, er sollte das …

»Ich muss los«, sagte Jonas. Er nestelte an seiner Hose, die unter dem Gaspedal klemmte. Sein Handy erhellte seinen Schwanz. »Schon halb sieben!« Und seinen Bauch. Jetzt ging das Licht wieder aus und sie hörte, wie er sich seinen Pullover anzog. Diesmal brachte das Geräusch kein wildes Tier in Rage.

»Aber ich hab ja noch gar nicht …«, begann sie. Sie versuchte, zu verhindern, dass er seine Gürtelschnalle schloss. »Was ist mit dir?«

»Nee, echt jetzt«, seine Stimme klang nervös. »Heute ist Freitag. Du weißt schon.«

Und dann strich er ihr wie schon so oft über die Haare. Scheiß Zwiebeln, dachte Sophie, scheiß Zwiebeln! Sie hätte am liebsten geschrien. Der schwarze Regen bestand nur aus Geräusch, aber die schwarzen Felder waren aus zähem Brei. Der Wald hinter seinem Fenster verklumpte und nahm ihr die Sicht auf die Vernunft.

»Ach«, sagte sie. Ach, ist ja nur Sex. Ach, macht mir nix aus. Viel zu viele Achs, dachte sie. Ach, und selbst Vera hatte mitgelacht.

Jonas startete den Motor, obwohl sie noch nicht komplett angezogen war. Sie klemmte sich den Anschnallgurt unter den Arm, um sich den Pullover über den Kopf zu ziehen.

»Mann, jetzt warte doch mal!«

Das Armaturenbrett beleuchtete Jonas' Gesicht und schob die Dunkelheit nach draußen. Seine Augen schimmerten blaugrün, dann blinkten sie orange mit dem Ticken des Blinkers. Tick, tack.

»Sorry, aber ich habe Sandra versprochen, dass ich freitags immer pünktlich bin, damit sie zu ihrem Fitnessdings kann.« Er legte eine Hand auf ihr Knie. Auch da, wo seine Hand war, wurde ihr Bein nicht warm. »Das weißt du doch.«

»Klar«, wie Kloßbrühe, »hatte ich vergessen«, log sie.

Als sie an ihrem Auto hielten, sagte er: »So, jetzt lese ich den Kids noch ein Märchen vor und dann hab ich Feierabend. Ich schreib dir gleich noch mal, okay?« Er stützte sich mit dem bekleideten Ellenbogen auf der Mittelkonsole ab, sein Autoschlüssel baumelte über seinem behosten Knie. Auch sein Gesicht war wie angezogen. Der Ausdruck war wie hinter einigen Lagen Stoff verschwunden.

»Klar«, sagte sie.

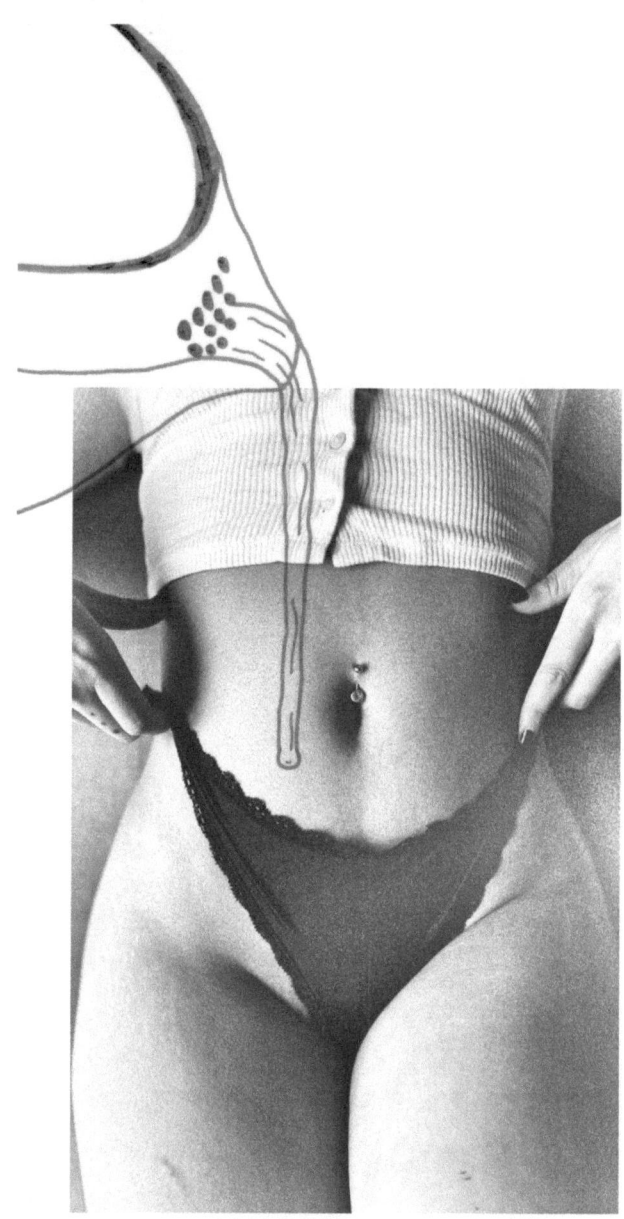

JESSICA ISER

Jasmintee

Die zarten Vorhänge bauschen sich in der Abendbrise auf. Wie Gespenstersäume liebkosen sie die dunklen Bodendielen, ehe sie sich lautlos wieder zum Fenster zurückziehen. Die warme Luft kitzelt Jasmins halbnackten Körper; wenn sie die Augen schließt, kann sie sich vorstellen, dass es sein Atem ist, der ihre Haut streichelt. Die Härchen auf ihren Armen stellen sich auf und ihr entweicht ein Seufzer der Erregung.

Jasmin lässt sich tiefer in die Kissen sinken und streckt die Beine auf der Couch aus. Eine Hand vergräbt sie in ihren dichten Haaren, die andere schiebt sie unter den Bund ihres Slips.

Der Wind trägt den Duft von weißem Tee und Kardamom herüber. Auf dem Couchtisch stehen mehrere Schälchen kreuz und quer. Loser Tee in verschiedenen Nuancen erhebt sich darin zu kleinen Hügeln aus Kräutern und gemahlenen Blättern und Früchten. Das Arrangement erweckt mit seinen Düften die Illusion des Teeladens, aber an seine Vielfalt und Schwere reicht es nicht heran.

In ihrem Kopf betritt Jasmin Arthurs Teestube. Sie weiß, dass der junge Besitzer so heißt, der Laden aber bereits seinem Großvater gehört hat, welcher den gleichen Namen trug.

»Schön, Sie wiederzusehen.« Es war leicht, sich seine Stimme ins Gedächtnis zu rufen, ruhig und angenehm, wie von jemandem, der eigentlich in einer stillen Bibliothek arbeitet und gelegentlich aus alten Büchern rezitiert. Die Vorstellung von seinen feingliedrigen Händen, die über lederne Buchrücken streichen, über ihre Haut, schickt einen angenehmen Schauer ihre Beine hinauf. Ihre Fußzehen krümmen sich, als ihre Finger tiefer hinabgleiten.

Das erste Mal, als sie in der Teestube gewesen war, hatte Arthur sie eine Weile verhalten dabei beobachtet, wie sie verschiedene Teeetiketten betrachtete. Spontan hatte er darauf getippt, dass Schwarztee mit Tonkabohne genau die richtige Sorte für sie sei.

»Ich mache Ihnen gerne eine Tasse, wenn Sie ihn probieren möchten«, bot er an.

Jasmin erinnert sich daran, wie ruhig seine Hände gewesen waren, als er den Tee zubereitete. Nur ab und zu hatte sie ihm dabei verstohlen ins Gesicht gesehen, stattdessen seine flinken Finger beobachtet. Der Gedanke lässt ihre eigenen Finger kreisen und ein leises Stöhnen kommt ihr über die Lippen.

»Hier«, sagte Arthur wenig später und reichte ihr eine blau gemusterte Porzellantasse. Ihre Fingerspitzen berührten sich, als Jasmin danach griff, und sein Blick verweilte auf den Hennalinien, die ihren Handrücken zierten. Im hereinfallenden Sonnenlicht erinnerte die Farbe seiner Augen an Ginkgoblätter. Seine Stimme wurde leiser, als er sagte: » Das ist sehr schön.«

»Danke.« Jasmin lächelte über ihr Herzklopfen hinweg. Auch jetzt beschleunigt sich ihr Puls. Die kunstvollen Linien auf ihren Händen sind inzwischen verblasst, nicht so die Erinnerung an seine flüchtige Berührung. Sie löst ihre Faust aus den Haaren, streicht sich über die Lippen. Wie wundervoll es wäre, wenn er jetzt hier wäre, um sie bis zum Höhepunkt zu küssen. Stattdessen will sich Jasmin noch eine Weile der langsamen Entfaltung ihrer Lust hingeben. Sacht streichen ihre Finger über den transparenten Stoff des Bustiers. Die Berührung erzeugt ein Kribbeln bis zu ihrem Bauchnabel hinunter.

Arthur hatte sie gebeten, ihre Augen zu schließen und sich auf alle Geschmacksnoten einzulassen. »Er wirkt zunächst vielleicht etwas zu intensiv«, sagte er, »aber dann entfaltet sich der Geschmack wie eine Blüte. Das Warten lohnt sich.«

Intensiv, geht es Jasmin durch den Kopf und sie beißt sich auf die Unterlippe, als das Verlangen in Wellen durch ihren Körper fließt. Ihr wird heiß. Schweißperlen sammeln sich über ihren Augenbrauen.

Das Porzellan erhitzte ihre Hände. Sie nippte vorsichtig an der Tasse. Arthurs erwartungsvoller Blick ruhte auf ihr. Er schien es zu genießen, dabei zuzusehen, wie sich ihr Gesicht kaum merklich veränderte, während die einzelnen Noten auf ihrer Zunge tanzten. Sicher würde er es lieben, dabei zuzusehen, wie ihre Mimik die verschiedenen Intervalle der Lust offenbarte.

»Was denken Sie?«, fragte er.

»Er ist …«, Jasmin suchte nach einem passenden Wort, » interessant.«

Arthur musste lachen. » Sie mögen ihn nicht.«

»Ganz im Gegenteil«, widersprach Jasmin. Sein Lachen hallte noch immer in ihr nach. »Ich glaube, ich muss ihn nur noch etwas besser kennenlernen.«

»Das Gefühl kenne ich«, gab Arthur zurück. Ein Schmunzeln schlich um seine Mundwinkel.

Da war er, der Moment, der mit seiner Spannung die Luft zwischen ihnen knistern ließ – zumindest in Jasmins Vorstellung. Sie war sich sicher, ist sich sicher, er hat es auch gespürt. Wenn er von ihr kosten würde, ob sie ihm wohl schmeckte mit all ihren Noten?

Die Klimax bricht über sie herein, heiß, kalt. Ihr Körper ist zum Zerreißen gespannt, bevor er unter ihren Händen zerfließt. Stumm und zitternd gibt sich Jasmin dem süßen Nichts hin, schaut mit halb geschlossenen Lidern durch den Wimpernschleier zur Decke hinauf, wo das Nachmittagslicht Schattenspiele erzeugt.

Vielleicht beim nächsten Mal, denkt sie. Vielleicht würde sie ihn um eine Verabredung bitten. Aber worauf lädt man einen Teeladenbesitzer ein? Auf einen Kaffee? Der Gedanke lässt Jasmin leise lachen. Noch genießt sie das Gedankenspiel mit all den offenen Möglichkeiten, ihre Vorstellung von ihm.

Während sie so daliegt in bittersüßer Entspannung, die sie sich selbst geschenkt hat, taucht sie gedanklich noch einmal in ihre letzte Begegnung mit Arthur ein. Gleichzeitig wächst in ihr die Vorfreude auf die nächste Begegnung mit Arthur …

Jasmin findet, dass ihm das Hemd unter der geöffneten Weste gut steht. Den Tonka-Tee hatte sie gekauft, aber sie will mehr. Oder ist es nur ein Vorwand, um wieder dorthin zu kommen?

»Es ist schön, Sie wiederzusehen«, grüßt Arthur sie beim zweiten Besuch. Sein freundliches Gesicht hellt sich noch etwas mehr auf. »Haben Sie den Tee ein wenig kennenlernen können?«

Jasmin lächelt darüber, dass er sich an ihre Wortwahl erinnert. »Ja, Sie lagen mit Ihrer Empfehlung genau richtig.«

»Das freut mich zu hören.«

»Ich hatte gehofft, Sie könnten mir vielleicht noch mehr empfehlen«, sagt sie und sieht sich unschlüssig um.

»Sehr gern.« Arthur mustert sie, als ginge er gedanklich bereits alle Teesorten durch, die ihr zusagen könnten. »Irgendeine bestimmte Geschmacksrichtung?«

»Welche ist Ihre Lieblingssorte?«, fragt sie ihn geradeheraus.

Er senkt den Blick, ganz kurz nur, schiebt mit einem Finger gedankenverloren die Brille ein Stückchen die Nase hinauf, ehe er sie wieder ansieht. Ein Funkeln liegt hinter den Brillengläsern. »Jasmintee.«

Autor*innenvitas

Eva-Maria Obermann, Jahrgang 1987, beendet aktuell ihre Promotion im Bereich Literaturwissenschaft. Sie bloggt, liest und schreibt in jeder freien Minute. Als Initiatorin von #WirlesenFrauen ist ihr die Förderung von Autorinnen ein Herzensthema. Ihre Geschichten fangen Ängste und Wünsche ein, führen bis in die Seele und machen die Handlung erlebbar.

Yvonne Tunnat (geboren 1978 in Sögel/Emsland als Yvonne Friese) lebt nördlich von Kiel. Sie schreibt seit den neunziger Jahren und war vor circa fünfzehn Jahren aktiv in der Berliner Lesebühnenszene, wo sie zu der Zeit lebte. Zwischen 2010 und 2020 hatte sie eine lange Schreibpause. Seit 2020 schreibt und veröffentlicht sie wieder, unter anderem in der DUM (Dem Ultimativen Magazin) und beim Schreiblust-Verlag. Ihr Schwerpunkt liegt auf Kurzgeschichten und Erzählungen.

Matthias Thurau, geboren 1985, lebt und arbeitet in Dortmund. Er schreibt Romane (*Sorck: Ein Reiseroman*, 2019), Erzählungen (*Das Maurerdekolleté des Lebens: Drei surreale Geschichten* sowie *Erschütterungen. Dann Stille.: Erzählungen*, 2020) und Lyrik (*Alte Milch:*

Gedichte, 2019), rezensiert Bücher, betreibt den Blog *Papierkrieg.Blog* und denkt zu viel nach. Ist bisher noch nicht gestorben. Hoffen wir das Beste!

Helen Faust (*1997) schreibt Kurzgeschichten, Novellen und aktuell auch an ihrem Roman-Debüt. Parallel arbeitet sie an ihrem Master in Politikwissenschaft, interessiert sich für alle Themen der sozialen Gerechtigkeit und bindet beides auch immer wieder in ihre Texte ein. Auf Instagram und Youtube bespricht sie verschiedene Bücher-Themen.

Janina Haselbach (*1994) studierte Linguistik und arbeitet im Marketing. Sie bringt Geschichten auf Papier, seit sie den Stift halten kann – und hatte diese davor bereits in ihrem Kopf. Am besten schreibt sie mit einer Tasse Tee und Keksen – meist für Kinder und Jugendliche. Sie veröffentlichte die Kindersachbücher *Vielfalt Mensch, Mein Körper* und *Sprache, Schrift und Medien* in der Reihe *Leselauscher Wissen*, sowie das Heft *Wege zu mir – Mein Heft für mehr Selbstwahrnehmung, Selbstliebe und Selbstbewusstsein*, alle im BVK Buch Verlag Kempen.

Kia Kahawa (*1993) lebt im schönen Hannover. Die Texterin und Konzeptionerin leitet ein Unternehmen rund um Verlagsdienstleistungen: Lektorat, Korrektorat, Buchsatz. Wenn sie nicht gerade arbeitet, schreibt sie im Selfpublishing Romane, in denen die Protagonisten ihre eigenen Widersacher sind. Ihre Science-Fiction-Werke vertraut sie Verlagen an.

Mirjam Kergl, geboren 1973 in Mönchengladbach und aufgewachsen in Düsseldorf, hat viele Jahre als Architektin gearbeitet. Erst nach einer ungeplanten beruflichen Auszeit fing sie an zu schreiben und ist dabei geblieben. Sie ist durch nichts weiter befähigt gute Geschichten zu verfassen, außer einer gehörigen Portion Empathie, gemischt mit ausgeprägter Fantasie, gewürzt mit dem Leben an sich und angerichtet auf einem großen Mitteilungsbedürfnis. Einige ihrer Texte wurden bereits veröffentlicht. In diversen Schubladen befinden sich jedoch noch weitere Manuskripte und Kurzgeschichten, die auf ihren großen Auftritt warten. Mirjam Kergl lebt mit ihrem Ehemann, zwei Töchtern und einem Kater in Gütersloh.

Jessica Iser wurde 1991 in Südhessen geboren. Schon in jungen Jahren hielt sie ihre blühende Fantasie mit Wörtern und Zeichnungen auf Papier fest. Heute widmet sie als Autorin und Bibliothekarin einen Großteil ihres Lebens den Büchern. In ihren Geschichten ist sie überwiegend im Bereich der dunklen Phantastik von Urban Fantasy bis Horror unterwegs, wagt sich aber auch gerne an andere Genres heran. Mit *Deathbound* erschien im Oktober 2021 ihr Debütroman im Selfpublishing.

Inhaltswarnungen

Buchstaben auf die Haut: Erwähnung von Blinden-Fetisch

An meinen Lippen, unfassbar: Essen

CFNF: toxische Beziehungen, Fuckgirl

Seite 197: Alkohol, Oberflächlichkeit, Lern-Situation, Vergleich zu Narkolepsie oder Schlafparalyse

Märchenstunde: Fremdgehen

ANTHOLOGIE

dahinter

MAGRET KINDERMANN

dahinter

Herausgeberin: Magret Kindermann

Was machst du gerade?
Niemand macht was!

Sieben Autor*innen spielen mit den Bedeutungen ihrer Geschichten. Was versteckt sich hinter den Figuren und Handlungen? Diese Anthologie ist ein herrliches Spiel mit der Symbolik!

Dabei sind:
Jennifer Pfalzgraf · Nora Burgard · June Is · Yvonne Tunnat · Liv Modes · Tino Falke · S. M. Gruber

ANTHOLOGIE

damit

MAGRET KINDERMANN

damit

Herausgeberin: Magret Kindermann

Was machst du gerade?
Nichts.

Elf Autor*innen schreiben über das, was den Alltag besonders macht. Diese Anthologie erinnert uns an den Zauber der gewöhnlichen Tage, der in großen Romanen viel zu häufig keinen Platz findet.

Dabei sind:
Alex Rump · Lily Magdalen · Catherine Strefford · Michael Leuchtenberger · Charley Queens · Nika Sachs · Henriette Werner · Herbert Glaser · Katharina Stein · Vanessa Glau · Ela Bellcut